코뮤니스트 후기

DAS KOMMUNISTISCHE POSTSKRIPTUM
By Boris Groys

Copyright ⓒ 2006 by Suhrkamp Verlag Frankfurt am Main
Korean Translation Copyright ⓒ 2017 by Moonji Publishing Co., Ltd.
All rights reserved by and controlled through Suhrkamp Verlag Berlin.

The Korean edition is published by arrangement with Suhrkamp Verlag
AG through MOMO Agency, Seoul.

Manifest

der

Kommunistischen Part

Veröffentlicht im Febru

Proletarier

코뮤니스트 후기
後記

보리스 그로이스 지음
김수환 옮김

Gedruckt in

코뮤니스트 후기

제1판 제1쇄   2017년 11월 10일

지은이   보리스 그로이스
옮긴이   김수환
펴낸이   이광호
펴낸곳   ㈜문학과지성사
등록번호   제1993-000098호
주소   04034 서울 마포구 잔다리로7길 18(서교동 377-20)
전화   02) 338-7224
팩스   02) 323-4180(편집)   02) 338-7221(영업)
전자우편   moonji@moonji.com
홈페이지   www.moonji.com

ISBN 978-89-320-3057-9 03160

이 도서의 국립중앙도서관 출판예정도서목록(CIP)은 서지정보유통지원시스템 홈페이지
(http://seoji.nl.go.kr)와 국가자료공동목록시스템(http://www.nl.go.kr/kolisnet)에서
이용하실 수 있습니다. (CIP제어번호: CIP2017028144)

차례

[일러두기]

이 책은 러시아어판 Коммунистический Постскриптум(Ад Маргинем
Пресс, 2007)을 저본으로 삼고, 영어판 The Communist Postscript(Verso,
2009)를 참조해 번역했다.

서문

이 책의 주제는 공산주의다. 공산주의에 관해 어떻게 말할지는 공산주의라는 단어를 어떻게 이해할지에 달려 있다. 이후로 내가 말하려는 공산주의는 정치가 자유롭고 자율적으로 작동할 수 있도록 경제를 정치에 종속시키려는 기획을 가리킨다. 경제는 돈을 매개로 기능한다. 그것은 숫자들을 통해 작동한다. 정치는 언어를 매개로 기능한다. 그것은 단어들, 이를테면 주장, 프로그램, 탄원들뿐 아니라 명령, 금지, 결의안과 판결문 따위를 통해 작동한다. 공산주의 혁명은 돈의 매개로부터 언어의 매개로 사회를 번역transcription하는 것이다. 그것은 사회적 실천의 차원에서 행해진 **언어로의 전회**linguistic turn다. 이 경우에 현대 철학에서 흔히 하듯이, 각각의 철학적 입장을 나누는 모든 미묘한 차이들을 건너뛴 채 인간을 말하는 존재라고 정의하는 것만으로는 충분하지 않다. 자본주의 경제라는 조건하에 살아가는 한 인간은 근본적으로 벙어리 상태로 남아 있다. 왜냐하면 운명이 그에게 말을 걸지 않기 때문이다. 자기에게 말을 거는 운명의 목소리를 듣지 못한다면, 그 역시 운명에 응답할 수 없다. 경제적 과정은 무인칭이라 말을 통해 표현되지 않는다. 그것과는 논쟁에 돌입할 수 없다. 그것을 설득하는 일, 말로써 내 편으로 끌어들이는 일은 불가능하다. 단지 할 수 있는 것이라곤 벌어지고 있는 사태에 내 행동을 맞추는 것뿐이다. 경제적 성공이 추가적인 담론의 정당화를 필요로 하지 않는 것처럼, 경제적 실패는 그 어떤 주장으로도 반박할수가 없다. 자본주의에서는 인간 행위의 궁극적인 정당화나 반박이 언어적 성격 대신에 경제적 성격을 띤다. 그것은 말이 아니라 숫자와 더불어 표현된다. 언어 그 자체의 힘은, 그렇게 소멸된다.

　운명이 더 이상 침묵하지 않게 될 때, 운명이 순수한 경제적 과정들로 환원되지 않은 채 애초부터 언어적으로 형성되고 정치적으로 결정될 때—가령 공산주의의 경우가 그러한데—오직 그런 조건하에서만 인간은 진성으로 언어 속에

8

서 언어를 통해 존재하기 시작한다. 그렇게 될 때 인간은 비로소 주장하고 저항하며 운명의 결정에 반박할 수 있는 가능성을 얻게 된다. 이런 주장과 저항 들이 항상 효과적이지는 않을 수도 있다. 그것들은 종종 무시되거나 심지어 권력에 의해 억압될 수도 있지만, 그렇다고 그 주장과 저항 들이 의미 없는 것이 되지는 않는다. 언어를 매개로 정치적 결정들에 반대하는 것은 전적으로 정당하고 또 타당하다. 왜냐하면 그 결정들 자체가 애초에 언어를 매개로 형성된 것이기 때문이다. 이와는 반대로 자본주의의 조건하에서는, 모든 비판과 저항이 근본적으로 무의미하다. 자본주의 하에서는 언어 자체도 상품으로 기능하기 때문에 애초부터 벙어리 상태일 수밖에 없다. 비판과 저항의 담론은 그것이 잘 팔릴 때는 성공적인 것으로 여겨지지만, 잘 팔리지 않을 때는 실패한 것으로 간주된다. 요컨대, 그것은 아예 말이 없거나, 자기홍보에 머물면서 단지 말하는 척하고 있을 뿐인 다른 상품들과 전혀 구별되지 않는 것이다.

자본주의에 대한 비판과 자본주의 자체는 서로 다른 매개를 통해 작동한다. 매개의 측면에서 볼 때 자본주의와 그에 대한 담론적 비판은 이종異種적이며 서로 만나지지 않는다. 의미 있는 비판의 대상이 되려면 우선 사회가 바뀌어야

만, 즉 언어화되어야만 한다. 고로 우리는 철학이 세계를 해
석할 게 아니라 변화시켜야만 한다는 마르크스의 유명한 테
제를 이렇게 바꿔볼 수 있다. 비판의 대상이 되려면 우선 사
회가 공산주의화되어야만 한다. 비판적 의식의 소유자들이
어째서 본능적으로 공산주의에 이끌렸는지가 이로써 설명
된다. 오직 공산주의만이 총체적 비판을 위한 공간을 열어
줄 수 있는, 인간 운명의 총체적 언어화를 수행할 수 있다.

공산주의 사회는 그 안에서 권력과 권력을 향한 비판이
동일한 매개를 통해 작동하는 사회라고 정의할 수 있다. 때
문에 만일 과거 소비에트 연방이 공산주의로 간주되어야 하
는가라는 질문을 제기한다면—이 물음은 오늘날 공산주의
를 논할 때 불가피한 것인데—앞선 정의에 비춰볼 때 그렇
다고 말할 수 있다. 소비에트 연방은 역사적으로 볼 때 이
전의 어떤 사회보다도 더 멀리, 공산주의적 프로젝트를 실
현시키는 방향으로 나아갔다. 1930년대에 모든 종류의 사
적 소유는 완전히 철폐되었다. 이에 따라 정치적 리더십은
특정한 경제적 이해관계와 무관한 결정을 내릴 수 있는 가
능성을 획득했다. 이 특정한 이해관계들은 단지 억압된 것
이 아니다. 그것들은 더 이상 존재하지 않게 되었다. 소비에
트 연방의 모든 시민은 소비에트 국가에 복무하는 자로서,

국가 소유의 주택에 살며, 국영 상점에서 쇼핑을 하고, 국가 소유의 교통수단을 이용해 국가의 영토를 여행했다. 그런 시민에게 무슨 경제적 이해관계가 있을 수 있겠는가? 만일 이해관계가 있다면, 이 국가의 시민이 더 큰 혜택을 볼 수 있게 국가의 일이 가급적 잘 풀리기를, 이를테면 합법적으로건 불법적으로건, 일을 통해서건 부패를 통해서건, 어쨌든 잘 풀리기를 바라는 게 전부다. 이처럼 소비에트 연방에서는 사적 이해와 공적 이해의 근원적인 동일성이 존재했다. 유일한 외적 제약은 군사적인 성격을 띠었는데, 즉 소비에트 연방은 외부의 적들에 맞서 스스로를 방어해야만 했던 것이다. 하지만 1960년대에 이르게 되면 이 나라의 군사적 능력이 너무나 거대해져서 외부로부터의 호전적인 공격 가능성이 전혀 있을 법하지 않은 일로 여겨질 정도였다. 이 시기부터 소비에트의 리더십은 그 어떤 '객관적인' 분쟁도 겪지 않았다. 그러니까 이미 사라져버린 내적 반대파와도 충돌할 일이 없었고, 국가의 행정권력을 제한할 만한 외적인 세력들과도 충동할 일이 없었다. 그에 따라 실제적인 결정들은 온전히 자신만의 독립적인 정치적 원인, 곧 스스로의 내적 확신에 의해 내려졌다. 그리고 알다시피, 이 정치적 원인은—그것이 변증법적 원인이었기 때문에—어느 날 소비

에트 지도부로 하여금 스스로의 자유 의지에 따라 공산주의
를 철폐하도록 이끌었다. 하지만 이 결정은 결코 소비에트
연방에서 공산주의가 실현되었다는 사실을 바꾸지는 못한
다. 그 반대로, 앞으로 보게 되겠지만, 바로 이 결정이야말로
공산주의의 실현, 구현, 체현을 완전하고 최종적인 것으로
만들어준다.

　　어떤 경우에도 소비에트 연방이 경제적으로 실패했다
고 말할 수는 없다. 왜냐하면 경제적 실패란 오직 시장 내에
서만 가능하기 때문이다. 하지만 소비에트 연방에는 시장이
존재하지 않았다. 그래서 정치적 리더십의 경제적 성공이나
실패는 '객관적으로', 다시 말해 비非이데올로기적이고 중
립적인 방식에 따라 규정될 수가 없었다. 소비에트 연방에
서 특정한 상품들은 그것이 잘 팔리기 때문이 아니라 공산
주의적 미래의 이데올로기적 비전에 잘 부합한다는 이유로
생산되었다. 그런가 하면, 또 다른 상품들은 이데올로기적으
로 정당화될 수 없기 때문에 생산되지 않았다. 이는 공식 선
전용 문헌이나 이미지들에 국한된 이야기가 아니라 모든 상
품에 해당된다. 소비에트 공산주의에서 모든 상품은 곧 이
데올로기적으로 적절한 언술이 되었는데, 이는 자본주의에
서 모든 언술이 곧 상품이 되는 것과 마찬가지다. 우리는 공

산주의적으로 입고[依] 먹고[食] 거주할[住] 수 있다. 혹은 마찬가지로 비非공산주의적으로, 심지어는 반反공산주의적으로 입고 먹고 거주하는 것도 가능하다. 이것이 뜻하는 바는 소비에트 연방에서는 역사적 유물론의 강령에 대해서처럼, 가게에서 파는 신발이나 계란 혹은 소시지에 대해 항의하는 일이 가능하다는 것이다. 그것들은 동일한 어휘들을 통해 비판될 수 있는데, 왜냐하면 이 강령들 또한 신발, 계란, 소시지와 동일한 원천을 공유하기 때문이다. 공산당중앙위원회 정치국의 결정들이 바로 그 원천이다. 공산주의 하에서는 모든 것이 바로 그 방식으로만 존재해야 했는데, 왜냐하면 이미 누군가가 이건 이래야 하고 저러면 안 된다고 말을 했기 때문이다. 그렇기 때문에 언어를 통해 결정된 모든 것은 또한 마찬가지로 언어적으로 비판될 수 있었다.

　공산주의가 가능한가라는 질문은, 따라서 언어 안에서, 언어를 통해 수행되는 정치적 행위가 가능한가라는 근본적 물음과 뗄 수 없이 연결되어 있다. 이 핵심 질문을 다음과 같이 풀어볼 수도 있다. 온전히 언어만을 매개로 사회를 통치할 수 있을 정도로 충분한 힘을 언어가 획득할 수 있을까? 만일 그게 가능하다면 어떤 조건에서 그러할까? 이 가능성은 대개 너무 쉽게 부정되곤 하는데, 특히 언어 자체는 아무런 힘도 갖지 않으며 전적으로 무력하다는 견해가 지배적인 우리 시대에 그러하다. 이 견해는 자본주의의 조건하에 놓인 언어의 상황을 정확하게 반영한다. 실제로 자본주의 하에서 언어는 권력을 갖지 않는다. 흔히 언어에 대한 바로 이런 이해에 기초해 사람들은 공산주의에서도 공식 언어의 외관 뒤에 숨어 있는 억압의 기구들apparatus——사람들로 하여금 그 언어를 받아들이고 그에 동의하도록 강제하는——을 찾아내려 시도한다. 그리고 이는 전혀 근거 없는 가정이 아니다. 공산주의 국가들에서 행해진 정치적 억압의 긴 역사는 이 가정을 온전히 뒷받침하는 듯하다.

하지만 여기서 여전히 하나의 의문이 남는다. 이 억압적 기구들은 어째서 특정한 하나의 이데올로기적 개념에만 스스로를 동일시한 채 그에 입각해 행동하고, 다른 대안적 이데올로기들에는 그렇게 하지 않았을까? 이들 기구들이 특정 이데올로기에 보인 충실성은 그 자체로 당연한 것이 아니다. 그런 충실성을 배양하고 그 상태를 계속 유지하기 위해서는 그들에게 모종의 근거가 있어야만 했을 것이다. 그렇지 못할 경우 그것들은 동력을 잃고서 더 이상 작동할 수 없게 된다. 실제로 이 기구들은 동유럽 공산주의 국가들의 마지막 시기에 상당히 수동적인 모습을 드러낸 바 있다. 요컨대 공산주의의 조건하에서 이들 억압적 기구들은 사회의 나머지 부분들과 명확하게 구분되지 않았다. 왜냐하면 전적으로 국가 공무원으로만 구성된 사회에서—소비에트 사회가 바로 그런 사회였는데—누가 누구를 어떻게 억압하는가라는 질문은, 억압적인 권력 기구가 비교적 선명하게 시민사회와 구별될 수 있는 사회에서와 동일한 방식으로 제기될 수 없기 때문이다. 공산주의 국가에서의 국가 폭력을 논할 때 잊지 말아야 할 것은, 이 폭력이 언어를 통해, 즉 따르거나 혹은 따르지 않을 수 있는 명령과 지침 들을 통해 전달되었다는 사실이다. 공산주의 국가의 지도부는 그들의 적들보다 이 점을 훨씬 더 잘 이해하고 있었다. 이 지도부가 공식 이데올로기의 언어를 만들고 유지하는 데 그토록 많은 노력과 에너지를 투여한 이유, 그리고 그에 대한 최소한의 일탈에도 그토록 격분했던 이유가 여기에 있다. 그들은 자신들이 언어 바깥에서는 사실상 아무것도 가진 게 없다는 점, 그리고 만일 언어에 대한 통제권을 잃게 된다면 모든 걸 잃게 되리라는 점을 잘 알고 있었다.

마르크스-레닌주의는 다른 모든 문제에서도 그러했지만, 언어에 대한 이해에 있어서도 양가적이었다. 한편으로 이 이론을 아는 사람이라면 누구나 지배하는 언어란 언제나 지배 계급의 언어라는 사실을 알고 있었다. 다른 한편으로 그들은 대중을 장악한 이념idea은 곧 물리적인 힘이 된다는 것, 그리고 마르크스주의 역시 그것이 옳기 때문에 전능하다는 것을 알고 있었다. 앞으로 우리는 소비에트 사회의 구조가 바로 이런 양가성에 의존하고 있음을 보게 될 것이다. 하지만 먼저 다른 질문을 던져보아야 한다. 개인들뿐 아니라 잠재적으로는 대중을 '장악'할 수 있는 이와 같은 언어를 통한 '이념적/이상적' 강제는, 결국 새로운 권력을 정립하기 위한 혁명적 힘으로 전화되기 위해 어떤 방식으로 작동해야 하는가?

제1장 사회의 언어화

플라톤은 서양 철학의 전통 최초로 언어를 총체적 권력과 사회 변형을 위한 매개(체)로 격상시킨 인물이다. 그는 『국가』에서 철학자들의 통치가 사회 발전의 고유한 목적telos이 되어야만 한다고 선언했다. 플라톤은 소피스트와 대조적으로 철학자를 정의했는데, 그에 따르면 철학자는 부분적이고 사적인 이해관계를 드러내거나 그것을 합법화하고 옹호하는 데 언어를 사용하는 대신 사회를 그 전체로서 인식하는 사람을 말한다. 그런데 사회의 전체성을 사유한다는 것은 곧 해당 사회의 언어의 전체성을 사유한다는 것을 의미한다. 바로 이 점이 철학을 과학이나 예술과 구별하는 것이다. 철학과 과학, 예술은 모두 이런저런 형식의 전문화된 언어를 사용한다. 과학은 모순에서 자유롭고 논리적으로 정합적인 언어만을 사용한다고 주장한다. 예술은 미학적으로 도전적인 방식으로 언어를 사용한다고 주장한다. 한편 철학은 언어를 그것의 총체성 안에서 바라본다. 그런데 언어에 대한 이런 접근은 필연적으로 그 언어로 말을 하는 사회를 통치할 권리를 지향하게 된다. 이런 의미에서 공산주의는 플라톤적인 전통에 속한다. 공산주의는 실제로 구현된 플라톤주의의 근대적 형식이다. 어떻게 하면 언어가 지배를 가능하게 만들 정도로 강력한 힘이 될 수 있는가라는 물음에 대한 최초의 답변은 다름 아닌 플라톤에게서 찾아야만 한다.

플라톤적 대화의 주인공인 소크라테스에게 소피스트들의 매끄럽고 잘 짜인 언술에서 발산되는 확신의 힘은 결코 통치에 적합하지 않다. 통치에 적합한 것은 오직 논리의 힘뿐이다. 논리적으로 선명하고 명백한 발화에 직면하게 되면 그것의 영향력에서 벗어나기 어렵다. 물론 명백한 발화의 청자나 독자가 그에게 가해진 영향력에 의도적으로 저항함으로써 논리적 강제를 포함한 모든 외적 강제에 대해 스스로의 내적 자유, 절대적이고 주관적인 자유를 고수하는 일도 가능하기는 하다. 하지만 그럴 경우에 그는, 흔히 말하듯이 이 부정을 "스스로도 믿지 않고" 있다. 논리적으로 명

료한 것을 받아들이지 않는 사람은 내적으로 분열되기 마련
이다. 그리고 이 분열이 증거를 받아들이고 긍정하는 사람
에 비해 그를 약하게 만든다. 논리적 증거의 수용은 사람을
강하게 만들지만, 그것을 부정하게 되면 사람은 그만큼 약
해진다. 고전 철학에서 말하는 이성의 힘이 바로 여기에 있
다. 그것은 명료한 것을 거절하는 자들, 즉 이성의 적들을 내
적으로 약화시키고 종국에는 무찌를 수 있는 능력을 가리킨
다. 그것도 오직 언어와 논리를 통해서, 논리의 힘을 연마함
을 통해서 말이다.

그런데 여기서 제기되는 질문은 그와 같은 논리적 명료
함이 대체 어떤 방식으로 만들어지는가에 관한 것이다. 우
선 우리는 내적 모순이 없는 주장, 그러니까 논증 속에서 타
당하고 일관된 말이야말로 논리적으로 명료한 것이라고 가
정해볼 수 있다. 흔히 이런 식의 명료함의 모델로 수학이 제
시되곤 한다. 과연 $a+b=b+a$와 같은 식의 명제 앞에서 그것
의 명료함을 거부하기란 쉬운 일이 아니다. 하지만 수학의
공리나 정리에 의거하는 게 아니라 무엇이 국가에 유익하
고 무엇이 해로운지를 제시하고자 하는 정치적 주장들의 경
우라면, 그것들이 대체 어떤 논리적 명료함을 지닐 수 있다
는 말인가? 얼핏 보기에는 플라톤 역시 내적 모순의 부재,

즉 일관성을 논리적으로 타당한 설득력 있는 발화의 기준으로 삼고 있는 듯하다. 소크라테스는 대화 상대자의 말 속에서 내적 모순을 짚어낼 때마다 그 말을 불분명한 것으로서 격하시키고 그 발화자를 국가 권력에 적합하지 못한 자로서 폭로한다. 소크라테스식 질문은 소피스트식 발화의 매끈하고 빛나는 표피 속으로 파고들어 그것의 역설적이고 모순적인 중핵을 드러낸다. 이는 그 말들이 단지 외적으로만 잘 짜이고 일관된 것처럼 보일 뿐 자신의 내적이고 논리적인 구조에 있어서는 역설적이며, 따라서 모호하고 어둡다는 사실을 밝혀낸다. 요컨대 소피스트들의 발화는 선명하고 투명한 말의 현현이 아니라 단지 의견들의 시장에 널린 상품들에 불과하다. 소크라테스가 소피스트들에게 던지는 가장 중요한 질책은 다음과 같다. "당신들은 단지 돈을 위해 자신의 말을 꾸며대고 있소." 바로 여기서 역설의 기능에 대한 첫번째 정의가 도출되는바, 자신의 역설적 본성을 감추는 역설은 곧 상품이 된다.

그런데 어떻게 해야 언어가 의견들의 시장에 걸린 어둡고 불명료한 상품이 되어 그저 유통되는 대신 사유의 투명한 자기반성에 복무할 수 있을 정도의 명료함을 획득할 수 있게 되는 것일까? 언어에게 세계를 통치할 수 있는 설득의 힘을 부여해줄 수 있는 것은 오직 내적 명료함뿐이 아닐까?
언뜻 보기에는 완벽하게 명료한 발화란 모순이 없는 말, 즉
논리적으로 타당한 일관된 말이어야 할 것처럼 보인다. 그
와 같은 말을 만들려는 체계적인 시도는 최소한 아리스토텔
레스 시절부터 오늘날에 이르기까지 이어져왔다. 하지만 플
라톤식 대화의 주의 깊은 독자라면 역설로부터 자유로운 일
관된 발화의 구축은 결코 소크라테스의 목적이 아니라는 사
실을 알아차릴 것이다. 소크라테스는 상대편의 발화 속에
담긴 역설들을 찾아내 노출시키는 데 만족한다. 그것만으로
도 소크라테스는 이미 자신의 목적을 달성하는데, 소피스트
적인 발화의 외피 아래 숨겨진 역설들을 드러냄으로써 발
생하는 명료함의 광휘가 어쩌나 강렬한지, 그것이 플라톤식
대화의 청자와 독자 들을 사로잡아 오랫동안 놓아주지 않기
때문이다. 숨겨진 역설을 찾아내 그것을 폭로하고 밝혀내는
것만으로도 필요한 만큼의 명료함을 충분히 불러일으킬 수
있다. 모순 없는 말을 만들어내는 다음 단계는 필요치 않다.
소크라테스가 드러내 보인 역설들에서 홀로 뿜어져 나오는
명료함의 광휘 덕택에 독자는 이미 소크라테스의 말을 신뢰
하게 되는 것이다.

　　이 광휘 속에서 소크라테스는 신화, 예시, 시사적인 유

비 따위를 사용해 이야기하면서도 여전히 신뢰를 얻을 수
있는 권리를 획득한다. 소크라테스는 역설로부터 완벽하게
자유로운(즉 본질상 이상적인 소피스트식 말이라고 할 수
있는) 말, 그러니까 외적으로뿐 아니라 내적으로도 일관된
그런 말이 바람직하거나 혹은 최소한 가능하다고 주장하지
않는다. 반대로 그는 다른 사람의 역설을 드러냄과 동시에
스스로를 '철학자'의 자리에 가져다놓음으로써 역설을 자기
행위의 근본으로 상정한다. 여기서 철학자란 완벽하게 모순
없는 명백한 말인 지혜를 사랑하고 그것을 추구하긴 하지
만, 그럼에도 결코 그런 지혜를 가지지 못하는 사람을 가리
킨다. 완벽한 소피스트는 있을 수 없다. 모순에서 완벽하게
자유로운 말이라는 이상은 영원히 가닿을 수 없는, 본질적
으로 불필요한 것이다.

소크라테스가 비판적인 의도를 품고, 다시 말해 소피스
트들의 말에서 역설을 제거할 목적으로 그들의 말에 담긴
역설을 들춰냈다고 보는 것은 피상적인 견해일 뿐이다. 실
제로 소크라테스가 보여주고 있는 것은 역설이 말 자체의
피할 수 없는 속성이라는 사실이다. 만일 우리가 철학적 사
유를 담론의 내적 구조를 드러내는 것으로 이해한다면, 진
정한 사유의 관점에서 볼 때 모든 담론의 논리적 구성은 자

기모순, 곧 역설 이외의 그 무엇으로도 묘사될 수 없다. 로고
스logos는 곧 역설이다. 단지 수사적인 외피만이 모순이 없
다는 인상을 줄 수 있을 뿐이다.

　모든 담론, 그러니까 모든 말과 의견의 역설적 구성
에 관한 소크라테스의 통찰은 여하한 의견 및 담론의 동등
한 권리를 향한 민주주의적 요구와 상통하는 구석이 있다.
사실 의견들의 민주적 자유라는 조건하에서는, '일관'되거
나 '진실'한 것과 '일관되지 못하거나' '진실하지 못한' 것으
로 의견들을 분류할 수가 없다. 그런 식의 분할은 공공연하
게 차별적이고 반민주주의적인 것이 되어버린다. 반민주주
의적인 이유는 그것이 의견들의 동등한 권리를 무시하고,
열린 시장에서 펼쳐질 의견들의 자유롭고 공정한 경쟁을 침
해하기 때문이다. 의견의 자유민주주의 시장의 공리는 이렇
게 말한다. 우리들로 하여금 의견들을 감별할 수 있도록 허
용하는 특권적인 형이상학적, 메타언어적 입장이란 존재하
지 않는다. 설령 그 감별이 시장에서 얼마나 성공했는지뿐
만 아니라 얼마나 진실한지의 원칙—이를테면 논리적인 일
관성이나 경험적인 진실성 같은 원칙—을 따르는 경우에
도 마찬가지다. 의견들이 자유롭게 유통된다는 맥락에서 말
할 수 있는 유일한 것은 어떤 의견이 다른 의견들보다 더 유

명하고 수요가 많다는 것인데, 그렇다고 그것이 자동적으로 해당 의견을 더 '진실된 것'으로 만들어주지도 않는다. 일반적으로 널리 퍼져 있는 편견과는 반대로, 사실 니체야말로 가장 철저한 민주주의 사상가이면서 동시에 자유시장의 예언가 중 한 사람이다. '진정한 말'의 특권을 철폐하고 모든 의견들의 동등한 권리를 선포한 장본인이 바로 니체이기 때문이다. 오늘날 진실한 이념과 진실하지 못한 이념 사이의 구별을 다시 도입하려는 시도는 무의미할 뿐 아니라 심지어 반동적인 것으로 여겨질 것이다. 오히려 고수될 필요가 있는 입장은 모든 교리doxa는 역설적이라는 것이다. 소크라테스가 이미 보여준 것처럼, 의견의 자유라는 조건하에서 말을 하는 사람은 자신이 말하는 것의 실제 의미를 알지 못한다. 많은 사람들이 서로의 이념이 모순된다고, 그래서 서로 논쟁적인 관계에 놓인다고 믿고 있지만, 사실 이 사상들은 단지 그 자신과 모순될 뿐이다. 모든 화자는 자신이 의도했던 것을 말함과 동시에 그와 반대되는 것을 함께 말하게 된다. 사상의 자유시장에서 유통되는 모든 의견은 바로 이와 같은 내적 모순, 곧 내적 역설을 공평하게 나눠 갖는다. 이런 이유로 철학자는 모든 담론에 공통적인 것, 즉 담론의 전체성을 사유할 수 있고, 그런 식으로 그 자신의 의견의 진실

성을 주장하지 않은 채로 단순한 의견의 지대를 초월할 수
있게 된다. 사실 철학자는 자신만의 고유한 의견을 전혀 갖
지 않는다. 그는 단지 소피스트가 아닐 뿐이다. 철학적 사유
는 개인적 의견들의 차원이 아니라 모든 담론들의 공통성이
라는 초개인적 차원에서 작동한다. 보다 심오한 이 논리적
차원, 사상의 자유시장이라는 표면을 넘어서는 이 차원이야
말로 자기모순의 차원, 즉 모든 의견의 내적인 논리 구조를
형성하는 역설의 차원이다. 소피스트적 담론과 철학적 담론
의 차이는 오로지 다음의 사실에 있다. 철학은 소피스트적
담론이 감추고 싶어 하는 자기모순을 공공연하게 주제화한
다. 따라서 플라톤이 『국가』에서 철학자가 국가를 통치해야
만 하며, 이때의 철학자란 그 정의상 현자가 아니라 다만 지
혜를 추구하는 사람이라고 주장할 때, 이 주장은 곧 역설이
된다. 그리고 이 역설이야말로, 소크라테스의 표현에 따르
면, 모든 담론이 갖는 역설적 성격을 가장 농축해서 표현하
고 있다. 소크라테스는 바로 이 역설에 의거해 자신의 처지
를 묘사하고 있는데, 이것은 제거되거나 초월될 수 없으며
해체되어서도 안 되는 역설이다. 그러기는커녕 그것이야말
로 권력을 향한 철학자의 권리 주장의 근거를 형성한다. 플
라톤의 관점에 따르면, 오직 역설만이 논리의 힘으로 세계

를 통치하는 데 필요불가결한 명료함을 낳을 수 있다. 플라톤의 국가는 역설의 명료함 위에 세워지며 역설에 의해 통치된다. 소피스트적인 말의 근본적인 결함은 그것이 역설적이라는 데 있는 것이 아니라 그 역설의 조건을 숨긴다는 데에 있다. 그 역설을 명백하게 빛나게 하는 대신에 소피스트는 외적인 일관성과 논리적 정합성으로 치장한 부드러운 담론의 외피 뒤로 그것을 감춰버림으로써, 역설을 불투명하게 만든다. 그렇게 되면 역설은 언어의 논리 구조가 가장 분명하게 드러나는 장소이기를 멈추고, 그 대신 번쩍거리는 말의 어두운 핵심이 되어버린다. 그리고 이 번쩍거리는 말을 듣는 사람은 필연적으로 그 번쩍거리는 말 속에 사적인 이해관계의 영향이나 비밀스러운 조작, 은폐된 욕망 따위가 숨겨져 있다고 의심하게 되기 마련이다. 잘 알려져 있는 것처럼, 이해관계나 욕망은 불투명하고 양가적이다. 소피스트적인 말은 역설의 논리적 명료함을 이런 불투명한 감정의 양가성으로 바꿔치기했다고도 말할 수 있다. 그와 반대로 철학자의 작업은 역설의 순전히 논리적이고 언어적인 구성이 빛나도록 만들고, 그렇게 함으로써 단지 겉으로만 논리적 정합성을 갖춘 말의 어두운 핵심을 빛으로 바꿔놓는 일에 다름 아니다.

소피스트는 매끈하게 짜인 말의 텅 빈 외관 뒤에 숨기를 원하는 모든 이에게 그러한 외관을 제공해주는 일종의 기업가다. 소피스트가 제공하는 언어적 상품의 진짜 매력은 논리적으로 잘 짜인 표면이 아니라 고객이 편안하게 기거할 수 있는, 그것 너머의 어두운 공간에 있다. 소피스트적인 말의 불투명한 핵심을 전유함으로써 청자는 그 공간을 자기만의 관심사로 채울 수 있게 된다. 다르게 말해, 자신의 역설적 구조를 감춘 말은 [구매자에게] 자신의 역설적 내부로 침투하라고 초대하는 상품과 같다. 하지만 논리적으로 타당한 것으로 제시되는 모든 말은 소피스트적인 것이다. 조리 있게 잘 짜인 말의 표면 아래 숨겨진 역설의 어두운 공간은 결코 완벽하게 제거될 수 없다. 형식논리의 법칙이 역설을 완벽하게 배제하려 애쓰는 것은 사실이다. 하지만 우리는 최소한 러셀과 괴델 이후로, 심지어 수학조차도 역설적이라는 것, 특히 수학적 명제가 그 자신이나 수학 전체를 가리킬 때 그러하다는 사실을 알게 되었다. 언어의 자기지시성에서 벗어나기란 불가능하다. 물론 비트겐슈타인이 언젠가 요구했듯이, 언어 전체에 관해서나 로고스 자체에 관해서는 말하는 일 자체를 완전히 금지하는 게 가능할 수도 있다. 하지만 이런 금지 조치는 불필요하게 억압적일 뿐만 아니라 또다시

그 자체로 모순적이다. 왜냐하면 그런 말을 금지하기 위해
서는 다시 언어 전체에 관해 이야기하지 않을 수 없기 때문
이다. 궁극적으로 모든 진술은 곧 언어 전체에 대한 진술로
해석될 수 있는바, 왜냐하면 모든 진술은 이 언어 전체에 속
하기 때문이다.

소피스트적인 발화가 일관된 것처럼 보이는 유일한 이
유는 그것이 일면적이라는 것, 다시 말해 전체로부터 떨어
져 나와 언어 전체와 맺는 역설적 관계를 숨기고 있다는 점
에 있다. 소피스트는 자신과 반대되는 다른 관점에 입각한
수많은 논거들이 존재한다는 것을 잘 알고 있음에도 불구하
고 계속해서 특정 관점을 고수하려 한다. 자신의 말을 일관
되고 조리 있게 만들려고 애를 쓰면서 그는 자신이 제시한
관점을 확증해주는 주장만을 활용할 뿐 모든 가능한 반대
논거들을 언급하지 않은 채로 지나쳐버린다. 요컨대 소피
스트는 언어의 총체성을 자본의 총체성으로 바꿔치기하는
셈이다. 일관되게 구축된 모든 말에서 형식논리의 가장 중
요한 법칙은 배중률tertium non datur, 排中律[1]이다. 하지만 일

---

[1]   (옮긴이) 형식논리학의 사유 법칙 중 하나로 어떤 명제와 그것의 부정
       가운데 하나는 반드시 참이라는 법칙을 말한다. 즉 서로 모순되는 두

관되게 조직된 언어로부터 배제排除되는 이 제3의 것terium
은 결국 돈이다. 그리고 이 돈이 외적으로, 그리고 내적으로
(즉 언어의 불투명한 핵심으로서) 언어를 지배하기 시작한
다. 그것을 상품으로 바꿔놓으면서 말이다. 각자의 사적이
고 일면적인 특수한 이해관계를 한결같이 일관되게 제시하
는 복수의 입장들이 서로 충돌하다 보면 결국 타협에 이르
게 마련이다. 타협은 불가피한데, 왜냐하면 타협만이 대립하
는 입장들 사이에 평화를 구축할 수 있으며, 사회의 단일성
과 총체성을 보존할 수 있기 때문이다. 본질상 타협은 역설
의 형태를 취하는바, 즉 그것은 두 개의 이율배반적인 발화
를 동시에 인정하고 확증한다. 하지만 말 그대로의 역설과
달리 타협은 언어가 아니라 돈을 매개로 해서 성립된다. 타
협은 서로 대립되는 각 관점의 대표자들이 상대편의 진리를
인정하는 대가로 경제적 보상을 받는다는 것을 뜻한다. 양
측 모두를 위한 논거를 제공한 소피스트들 역시 이런 식으
로 경제적 보상을 받았다. 요컨대 역설을 타협으로 바꿔치
기한 결과로, 언어의 총체성을 향한 권력은 언어에서 돈으

가지 명제가 모두 참이 아닐 수는 없다는 원리이다. 어떤 명제와 그것
의 부정이 동시에 참일 수는 없다는 모순율과는 다르다.

로 옮겨 갔다고 말할 수 있다. 타협, 그것은 역설처럼 보이지 않기 위해 지불된 역설이다.

반면 철학자는 숨겨진 역설이 완전한 광휘로 자신의 명료함을 드러내도록 허용한다. 역설의 빛나는 광휘는 무엇보다 먼저, 과거엔 표면 아래 머물렀던 것, 비밀리에 감춰졌던 것들을 드러내려는 갑작스러운 솔직함에 기인한다. 소피스트적인 말을 내적으로 구조화하는 것은 역설인데, 이 역설이 불투명하게 남아 있는 한 소피스트적인 말은 필연적으로 조작되었거나 모호한 이해관계에 복무한다는 의심을 낳게 된다. 철학자는 소피스트적인 말의 역설적 핵심을 폭로함으로써 이 의심을 확증한다. 그 결과 이 의심은 이 폭로를 수행한 철학자에 대한 무조건적인 신뢰(비록 일정 시간 동안만일지라도)로 뒤바뀐다. 소피스트적인 말의 수신자는 민중이다. 하지만 민중은 근본적으로 잘 믿지 않는 존재들이다. 특히 그들은 잘 짜여 심금을 울리는 매끄러운 말을 믿지 않는다. 이 매끄러움 덕분에 화자는 경탄을 불러일으킬 수 있지만 그럼에도 신뢰를 얻지는 못한다. 소크라테스는 민중의 이런 불신을 무기로 삼아, 대중적 불신의 이름으로 소피스트에 대항할 것을 선동한다. 소크라테스의 말들 속에서 선박제조 장인이나 약사처럼 직접 손으로 일하는 사람들이 항

상 칭송과 함께 언급되고, 거짓을 말하는 소피스트들에 대
비되는 긍정적 모델로 격상되는 것은 우연이 아니다. 하지
만 그와 동시에 소크라테스는 전체, 즉 총체성에 관여하는
자들이 단지 부분적인 일에 종사하는 사람들—대부분의 민
중이 그렇듯이—에 비해 우위에 있음을 확언한다. 소크라
테스의 전략은 전술적 측면에서 역설적이다. 그는 교육받은
엘리트에 대항해 민중과 한편이 되는가 하면 민중에 대항해
스스로를 엘리트와 함께 묶는다. 이는 분명 모두의 기분을
상하게 만든다. 하지만 이러한 사실이 철학자를 곤경에 빠
뜨리지는 않는데, 왜냐하면 그가 원하는 것은 마음에 들게
행동하는 게 아니라 방향을 제시하는 것이기 때문이다. 그
리고 이를 위해 그는 어둠이 아니라 빛을 요구한다. 철학자
는 그에 의해 개시된 역설에서 나온 빛의 힘으로 매혹시키
고 계몽하여 지배하는 통치자가 되길 원한다.

　　하지만 명료함의 효과를 계속 산출하는 이런 믿음과 불
신의 복잡한 유희는, 철학자의 담론에 의해 역설이 폭로될
때 나타나는 특수한 명료함의 효과를 다 설명하기에는 여전
히 부족하다. 이 명료함은 그것이 전체성을 가리키고 있다
는 점에서 아주 특별한 성격을 지닌다. 역설은 언어적 총체
성의 이콘icon[2]이다. 역설의 본질은 두 개의 상반된 진술, 즉

A와 ~A가 동시에 참인 것으로 사유되고 받아들여진다는
데 있다. 그런데 언어의 총체성이란 가능한 모든 테제와 안
티테제들의 통일을 사유하는 것 이외의 그 어떤 것도 아니
다. 이 사실은 이미 형식논리의 법칙에 따라 다름 아닌 역설
로부터 모든 발화가 도출될 수 있다는 것에서도 입증된다.
역설은 그것이 언어의 총체성을 향한 관점을 제공하기 때
문에 이콘이 될 수 있다. 하지만 역설은 언어의 이콘일 뿐,
이를테면 그것의 미메시스적 이미지는 될 수 없다. 왜냐하
면 역설은 항시 존재하거나, 혹은 이미 주어진 모종의 언어
적 총체성을 반영하는 것이 아니기 때문이다. 오히려 역설
은 그 총체성이 처음으로 형태를 갖출 수 있도록 만드는 어
떤 것이다. 기독교 전통에서 신의 표상으로 이해되는 이콘
이 정확히 그러한데, 즉 기독교의 신을 보는 것은 불가능하
기 때문에 이콘은 원형 없는 이미지가 된다. 철학자에 의해
개시되는 (혹은 차라리 창조되는) 역설, 그것은 로고스의 이
콘이다. 그것의 명료함은 원본과의 비교를 통해 흐려질 수
없다는 바로 그 점에서 절대적이다.[3]

---

2 (옮긴이) 여기서의 이콘은 일반적인 의미의 도상icon이 아니라 기독교
예술의 한 종류인 성상화(이콘화)를 가리킨다.

34

하지만 역설의 노출에서 산출된 명료함의 빛은 시간이 지남에 따라 흐려질 수 있다. 러시아 형식주의자들이라면 역설의 점차적인 '자동화automatized'[4]라고 불렀을 일이 일어나고, 이제 그것은 역설이 아니라 당연한 어떤 것으로 받아들여지기 시작한다. 모든 오래된 이콘들처럼 역설은 어둡고 불명료해진다. 이런 일이 발생하면, 그것은 복구되든지 아니면 새로운 역설, 새로운 로고스의 이콘으로 교체되어야만 한다. 당연히 모든 역설이 이콘적인 역설이 될 수 있는 것은 아니다. 후자는 충분히 강력한 명료함의 빛을 산출하고 엄청난 광휘로 로고스의 총체성을 드러낼 수 있는 역설, 그렇게 함으로써 그것이 만든 넘치는 명료함만으로도 철학자가

3   (옮긴이) 기호적 관점에서 이콘이 갖는 특징은 그것이 닮게 그린 그림, 곧 재현representation이 아니라 현전presence 자체에 더 가깝다는 점이다. 볼 수 없는 것(신성)을 담은 이미지인 이콘은 원본과의 미메시스적 비교가 아니라 신성과의 본질적(존재론적-지표적) 연결을 통해 그 정당성을 부여받는다.

4   (옮긴이) 러시아 형식주의자 빅토르 시클롭스키의 논문 「기법으로서의 예술」에 등장하는 개념으로, 그에 따르면 세계에 대한 인간적 지각은 관성과 습관에 물든 '자동화'를 겪게 되고, 이런 자동화된 지각을 깨고 사물을 새롭게 지각하기 위한 예술적 기법으로서 '낯설게 하기 defamiliarization'가 요구된다.

최소한 특정한 역사 시기 동안 모든 언어의 장을 지배할 수 있는 기회를 제공하는 그런 이론적 역설을 가리킨다.

자신의 전 역사에 걸쳐 철학은 과학과 정치의 일면적인 담론에 우위를 점하기 위해 새로운 역설들을 발견하거나 개발하려 끊임없이 시도해왔다. 철학의 역사는 이론적 역설들의 모음집으로 그려질 수 있는바, 그 안에서 각각의 역설은 상호 모순됨이 없이(왜냐하면 역설들은 서로 모순될 수 없기에) 각자의 고유한 명료함의 빛을 내뿜는다. 과학적 이론들이 서로 경쟁관계에 있는 반면에 소위 철학의 이론들은 평화롭게 공존할 수 있는 이유가 거기에 있다(왜 '소위' 이론인가 하면, 사실 그것들은 전혀 이론이 아니기 때문이다). 역설을 향한 의지는 이미 데카르트가 서양 철학에 새로운 기반을 제공했을 때 제 역할을 수행했다. 데카르트가 이해한 사유하는 주체성이란 결국 의심의 처소location와 매체media에 다름 아니었다. 구어나 텍스트에서 끊임없이 마주치게 되는 여러 모순되는 의견들에 대해서 철학자가 취한 데카르트식 판단중지epochè라는 것은, 결국 역설의 상황 속에서 살아가려는 결심, 역설의 담지자가 되려는 결심과 다르지 않다. 왜냐하면 모든 견해로부터 거리를 두겠다는 결심은 모든 의견을 취하거나 혹은 거부하겠다는 것만큼이나 논리상 역설적이기 때문이다. 이 역설에서 출발한 명료함의 광휘는 근대 전체를 비추었다. 사실 주의 깊게 들여다보면 데카르트의 철학은 형식논리적 명료함에 상당한 문제가 있는데, 그럼에도 불구하고 외견상 논리 정연하고 방법론적으로 타당한 것처럼 보이는 것은 바로 역설의 광휘가 그의 결론에 신빙성을 부여해주었기 때문이다. 데카르트적 방법론의 증거라는 것은 사실 빌려온 증거, 이 방법론이 자신의 출발점으로 삼고 있는 역설로부터 빌려온 증거다. 훗날 데카르트식 판단중지가 후설에 의해 또 다른 형태로 반복되었을 때, 존재론적으로 명료해 보이는 후설의 현상학 방법론이란 것 역시 사실상 현상학적 판단중지의 역설에 기초한 것이었다.

새롭고 뛰어난 역설을 향한 탐색은 최근 수십 년간 한층 폭넓게 강화되어왔다. 프랑스 철학에서 특히 그러하다. 바타유, 푸코, 라캉, 들뢰즈, 혹은 데리다의 개별 담론에 관해서라면 수많은 이야기들이 가능하겠지만, 논의의 여지가 있을 수 없는 한 가지 공통점이 존재한다. 그들 모두가 역설의 언어로 이야기한다는 점이다. 그들은 역설을 단언한다. 그들은 더욱더 극단적이고 포괄적인 역설을 추구하고 있다. 그들은 역설을 순치하려는 모든 시도에 반대하면서 역설을

형식논리적으로 타당한 담론 속에 포섭하고자 한다. 이런
식으로 이 저자들은 사실상 자신을 최상의 철학적 전통이라
할 플라톤적 전통에 위치시킨다. 하지만 동시에 그들은 자
신들을——정확하게는 각자의 방식으로 스스로를——이 전통
의 반대자로 간주한다. 이 저자들에게 역설은 이성의 증거
를 내뿜는 대신에 이성의 타자Other, 즉 주체와 로고스의 모
호한 타자를 드러내줄 뿐이다. 이들에게 역설은 언어가 애
초부터 사로잡혀 있는 다음과 같은 힘들의 결과물이다. 욕
망, 육체성, 축제, 무의식, 신성함, 트라우마, 그리고/혹은 물
질성, 언어 자체의 육체성 따위가 그것들이다. 말하자면 이
들에게 역설은 담론의 언어적, 수사적 표면에서 발생하는
것으로, 논리적 구조의 보다 심오한 숨겨진 차원에서 생겨
나는 것이 아니다. 이런 이유로 그들은 외견상 모순이 없고
'합리적인' 담론의 표면에 난 균열을——필연적으로 역설적
일 수밖에 없는——이 담론의 내적 논리 구조가 폭로되는 것
으로 해석하는 대신에 로고스의 타자가 현현하는 것으로 간
주하게 된다. 이 로고스의 타자는 언어의 표면에 직접 작용
하는바, 표면을 따라 그것에 스며들어 논리 정연한 담론을
형성하는 모든 논리적 대립들을 해체한다는 것이다.

　　철학적 사유의 이런 특이한 자기부정의 제스처는 오직

다음의 사실을 염두에 둘 때에만 설명 가능하다. 위의 저자
들이 이성의 언어로 간주하고 있는 것은 오직 조리에 맞는
모순 없는 언어, 형식논리의 법칙을 준수하는 언어뿐이라는
사실이다. 역설에 해당하는 모든 것은 이성으로부터 쫓겨나
그것의 타자 속에 자리 잡는다. 오직 논리 정연한 언어의 주
체—즉 소피스트들—만이 여기서 이성의 주체로 간주된
다. 하지만 동시에 진정으로 논리 정연한 언어란 불가능하
다고 주장되기 때문에 이성의 주체는 죽었거나, 그게 아니
라면 이성 너머에 드리운 모호한 그림자 왕국 속으로 소멸
될 운명이라고 선언되는 것이다. 소피스트적 주체, 즉 형식
논리적으로 타당한 담론의 주체를 향한 반란은 나아가 지배
권력의 제도를 향한 정치적 반란으로도 이해되는데, 왜냐하
면 자본주의적 근대성이란 명백하고 계산 가능하며 모순에
서 자유로운 주장으로 이루어진, 이성이 지배하는 영역으로
여겨지기 때문이다. 예를 들어, 푸코의 저작들에서 독자들
은 어떤 인상을 받게 되는가? 근대 산업, 병원, 그리고 경찰
들이 오로지 단 하나의 목적을 갖고 있다는 인상이다. 그 목
적이란 인간을 형식논리적으로 타당한 이성의 권위에 강제
로 복속시키는 것이다. 게다가 많은 이들에게 이 권위는 총
체적인 것으로 여겨지며, 따라서 그에 대한 모든 반란은 실

패할 수밖에 없다고 간주된다. 공히 형식논리의 법칙에 따라 구조화된 권력과 지식은 여기서 그 어떤 화자도 벗어날 수 없는 통일체를 구성하는데, 왜냐하면 자신의 입장을 체계적으로 진술할 필요가 없는 화자는 존재하지 않기 때문이다. 그런가 하면, 가령 데리다의 경우에는 이성의 타자와 조우하는 것 역시도 불가능한 과제로 판명된다. 어둠 속에서 어둠을 볼 수는 없기 때문이다. 오직 모든 이성적 논증들을 거스르는 해체를 통해서만 그와 같은 조우를 기대해볼 수 있겠지만, 그럼에도 이 기대는 결코 달성될 수 없는 것이다. '시스템'은 너무나 강력하며, 이성은 너무도 전능하다. 합리적 계산 가능성은 절대로 불가피하다. 분명 이성을 향한 반란은 필요하지만 이성의 법칙은 깨어질 수 없기에, 그 반란은 동시에 불가능한 것이 된다. 오늘날 역설 속에서 말하는 사람들이 역설 속에서 이성적 언어를 폭파하거나 해체하는 소위 저주받은 철학자들philosophes maudits——삶에 의해 외상을 입고, 욕망의 힘에 이끌리며, 언어의 불투명함 속에서 절망적으로 재로 변해버린 자들——의 모습으로 나타나는 이유가 거기에 있다.

하지만 현대성에 관한 이와 같은 진단, 이를테면 형식논리의 법칙에 따라 작동하면서 우리 모두를 속수무책으로 그에 복무하게 만드는 합리적 이성의 지배라는 진단은 편견 없는 관찰자를 놀라게 할 뿐이다. 거기서는 권력의 실제 관계들이 완전히 뒤집혀 있다. 사실 오늘날 소피스트적인 진술들, 즉 외견상 명백하게 합리적인 진술들은 지금껏 늘 그래왔듯이 시장 및 특정 이익들을 위해 봉사하고 있을 뿐이다. 이때의 합리성은 권력의 휘장 같은 것이 아니라 그저 시장을 겨냥한 언어적 상품을 위한 '디자인'으로 기능한다. 이성이나 체계, 혹은 구조의 총체적인 법칙 같은 것은 없다. 시장을 움직이는 보이지 않는 손이 있다는 것, 그것이 어둠, 곧 역설 속에서 작동한다는 것은 상식이다. 자본주의의 총체성은 돈을 매개로 해서 나타나지 언어를 매개로, 더구나 합리적인 언어를 매개로 나타나지 않는다. 누구나 알고 있듯이 시장에서의 성공은 계산, 즉 냉정하고 논리적인 추론이나 합리적인 성찰에 의존하지 않는다. 대신 그것은 직관, 강박, 공격성, 그리고 킬러 본능을 요구한다. 따라서 이성의 모호한 타자를 추구하는 담론은 어떤 식으로도 자본주의와 대립적인 관계를 맺을 수 없다. 욕망의 담론이 우상 파괴적인 것으로 나타날 수 있는 이유는, 그것이 논리 정연한 발화의 매끄러운 표면을 강타함으로써 그 표면들이 더 이상 특정한 사실들을 재현하기 위한, 특정한 기획을 짜내기 위한, 특정

41

한 관점에 기댄 주장을 내놓기 위한, 혹은 특정한 '비전'을 제시하기 위한 매개로서 기능하지 못하게 만들기 때문이다. 그리고 그와 같은 발화들을 사용하고 관리하는 제도들 역시 비판의 대상으로 암시되곤 한다. 하지만 이 제도들은 권력의 제도들이 아니다. 분명 자본주의는 자기 나름의 방식대로 제도를 비판하고 안정된 세계관을 전복하면서 살아간다. 그것은 확신을 관심으로 번역하고, 역설의 구조를 갖는 타협들을 만들어낸다. 투명한 합리성의 이상을 겨냥하는 비판에 의해 영향을 받는 것은 기껏해야 소피스트적이고 도구적인 언어일 뿐이다.

소피스트적인 발화의 역설적인 핵심을 발견하게 되면, 그것은 이성 너머에 이성의 타자가 숨겨져 있다는 식의 믿음에 비해 훨씬 더 심오한, 또 다른 의심을 낳을 수 있다. 관례적이고 매끄러운 이성의 표면 뒤에는 사실 또 다른 이성이 숨겨져 있다는 의심이 그것이다. 이 또 다른 이성은 역설 속에서 사유하고 모든 대립 명제들로부터 동등하게 이득을 취할 수 있는 무언가 사악하고 악마적이며 불투명한 이성이다. 소피스트들은 언제나 정체를 숨긴 악마주의자들, 다시 말해 정반대의 대립 명제들을 똑같이 설득력 있게 주장할 수 있는 능력을 지닌 자로 간주되어왔다. 하지만 진정 악마

적인 것으로 간주되어야 할 것은 자본이다. 왜냐하면 자본
이야말로 A와 ~A 양자 모두에서 이득을 취할 수 있기 때문
이다. 만일 노동자가 더 높은 임금을 받는다면 구매력이 올
라갈 것이고 결국 이득이 증가한다. 만일 노동자가 더 낮은
임금을 받는다면 노동 비용이 절감되기 때문에 결국 이득
이 계속 증가한다. 평화가 찾아오면 안정성이 보장되어 이
득이 증가하며, 전쟁이 발생하면 새로운 수요가 늘어나 이
득이 증가한다. 이로부터 자본은 결코 무인칭적이지 않다는
것, 오히려 자본 뒤에는 악마적인 주체가 숨겨져 있으며, 이
주체는 대립되는 결과들로부터 똑같이 이득을 취할 수 있기
에 언제나 혼자 이길 수밖에 없는 '윈윈' 게임을 하고 있다
는 인상이 생겨난다. 하지만 이런 보다 심오한 의심은 확증
될 수도 거부될 수도 없는데, 이 악마적인 주체는 오직 어둠
위의 어둠으로서만 재현되며, 따라서 결코 보이지 않기 때
문이다. 하지만 바로 그 때문에 이 악마적 주체는 세계 전체
를 총체성 속에서 지배하고 있다는 의심을 받게 된다. 왜냐
하면 세계는 우리에게 대립자들의 통일로서, 그러니까 논리
정연한 담론을 통해서는 결코 완벽하게 해결될 수 없는, 존
재론적 역설로서 다가오기 때문이다.

  결국 철학적 주체, 다른 말로 혁명적 주체의 구성적 자

질은 정확하게 다음과 같다. 그 주체는 몸을 숨긴 채 어둠 속에서 작동하고 있는 이 악마적인 이성을 전유함으로써, 그것을 언어화linguistification시켜 변증법적 이성으로 바꿔놓을 수 있어야만 한다. 단지 자본만 있는 것이 아니라 자본의 전 세계적 음모가 존재한다는 의심만이, 다시 말해 자본의 뒤에서 그것을 수단으로 작동하는 권력, 자본이 이길 때마다 항상 말 그대로 언제나 승리하는 권력이 존재한다는 의심만이 해당 권력을 폭로하고 전유하기를 바라는 주체의 구성을 이끌 수 있다. 그와 같은 의심이 편집증적인 것일 뿐 증명 불가능하며 근거도 없는 완전한 중상모략이자 거짓에 불과하다고 말하는 것은 쉽다. 하지만 모든 혁명은, 알렉상드르 코제브가 헤겔의 『법철학』에 부친 주석에서 말했듯이, 거짓말과 더불어 시작된다. 마찬가지로 코제브가 적절하게 지적한 바대로, 그와 같은 중상모략의 출현에 대한 책임은 그런 중상을 만들어내고 발설하는 사람들이 아니라 그를 둘러싼 힘의 불명료하고 모호한 아우라 덕택에 그와 같은 의심이 나타날 수 있는 최초의 가능성을 만들어낸 지배자들에게 있다.[5]

5   Alexandre Kojève, *Introduction à la lecture de Hegel*, Paris: Gallimard,

혁명적인 의심은 편집증의 효과이다. 하지만 이것은 정
신의학이나 정신분석으로 치료될 수 있는 '주관적인' 편집
증이 아니라 그 발생의 조건이 대상 자체에 내장된 '객관적
인' 편집증이다. 그 대상은 어둡고 불투명하며 논리 정연한
이성의 처리를 벗어나는 것처럼 보이기에 의심을 불러일으
킨다. 우리에게는 세계 전체가 자신의 내부에 악마적 이성
을 감추고 있을 것 같은 바로 그런 대상으로서 다가오는바,
그 이성은 역설을 통해 지배한다. 서구의 문화적 맥락에서
자본이 이와 같은 의심에 처해지는 경우는 거의 없다. 하지
만 테러리즘의 사례는 이런 의심의 작동 원리를 잘 보여준
다. 최근 몇 년 동안 테러리즘은 객관적 편집증의 대상이 되
었다.

이를테면 오늘날 서구의 정치가들은 테러리즘에 대항
하는 전쟁을 요구하는 동시에 전통적인 시민권의 수호를 요
구한다. 여기에는 역설이 존재하는데, 왜냐하면 이 목표들은
서로 상충되기 때문이다. 이럴 경우에 일반적으로 등장하는
것이 안전과 시민의 자유라는 두 가지 요구 사이에서 타협
점을 마련하는 정치다. 하지만 여기에 '타협'이라는 단어를

1946, pp. 136 이하 참조.

붙이는 것은 적절하지 않다. 타협이라는 말은 한 사회 속에
두 부류의 사람들이 존재할 때 사용 가능하다. 예를 들어 한
그룹은 테러리즘의 자유를 포함한 모든 자유의 수호를 원하
고, 다른 그룹은 테러리즘의 자유를 포함한 모든 자유의 말
살을 바라는 경우가 그러하다. 하지만 이런 그룹들이 존재
하지 않는다는 사실, 혹시 존재하더라도 극소수marginal에 불
과하다는 점은 명백하다. 이런 극단적인 그룹들 사이에 타
협점을 만드는 것은 사실 별 의미가 없다. 논리적으로 명백
한 이런 두 가지 극단을 믿는 사람들은 광신도freak—즉 자
유 광신도나 안전 광신도—로 분류되어 당연히 심각하게
받아들여지지 않기 마련이다. 그와 달리 사회의 '건강한' 대
다수 사람들은, 통치권력이 그러하듯이 이런 모순 없는 대
안을 믿는 대신에 역설을 믿기 때문에, 역설의 변증법적 정
치를 요구하게 된다. 이런 요구는 다음과 같은 의심으로부
터 도출되는데, 즉 테러의 정치는 악마적인 정치이기 때문
에 변증법적이고 역설적인 대응을 필요로 한다는 것이다.
여기에는 테러리스트들이 시민의 권리와 자유를 보장하는
[자유주의적인] 사회질서를 파괴하기를 원한다는 전제가 깔
려 있다. 이것이 뜻하는 바는 앞서 말한 두 가지 모순 없는
극단적 대안들 중 어떤 것이 실현되더라도, 테러리스트들은

결국 승리하게 되어 있다는 것이다. [자유 수호로 인해] 테러를 자행하기 위한 여지가 확보된다면 테러는 성공할 것이고, 반대로 반테러리즘 투쟁의 과정에서 시민적 자유가 폐기된다면 그 또한 나름 성공적이라고 말할 수 있기 때문이다.

여기서 테러리스트들의 이성이 실제로 악마적인지 묻는 것은 적절하지 않다. 테러리스트들의 행위 이면에 악마적인 이성이 도사리고 있다고 의심할 만큼 "테러리스트들의 동기가 불분명하다"고 말하는 것으로 이미 충분하다. 다만, 일단 그와 같은 객관적 편집증의 모호한 대상이 떠오르게 되면 그에 대한 반응은 필연적으로 변증법적이고 역설적인 것이 되지 않을 수 없다는 점을 지적해둘 필요가 있다. 근대성의 진정한 정치적 담론은, 따라서 흔히 그것이 재현되는 방식과는 근본적으로 다르다고 볼 수 있다. 대부분의 설명들에서는 오직 형식논리적으로 조리에 맞게 생각하는 사람들만이 합리주의적인 근대성의 맥락에서 정상적이라고 간주되곤 한다. 반면 역설적으로 사유하는 사람들은 주변화되거나 정신 나간 비정상 혹은 기껏해야 저주받은 시인들 poètes maudits쯤으로 치부될 뿐이다. 하지만 실제 현실은 정확하게 그 반대다. 우리 시대에는 끝없는 자기모순 속에서

사유하고 살아가는 자들만이 정상, 즉 주류로 분류된다. 저
유명한 '중도 정치centrist politics'라는 것은 자신의 역설적 성
격을 타협의 환영 뒤에 가까스로 숨겨놓은 역설의 정치학에
다름 아니다. 반대로 오늘날 형식논리적으로 타당하며 조리
에 맞는 설득의 방식으로 자신의 주장을 펴려는 사람들은,
만일 그저 미친 게 아니라면, 극단marginal으로, 어쨌든 '비현
실적unworldly'이기 때문에 권력의 실행에 적합하지 않은 자
들로 간주된다.

　　소비에트 권력은 스스로를 공공연하게 변증법적이고
역설적인 이성의 법칙으로 정의했다. 즉 스스로를 마르크스
가 묘사했던 자본과 상품의 역설적 성격에 대한 응답으로
간주했던 것이다. 공산당은 자본의 음모와 싸웠는데, 그 싸
움의 방식은 음모를 전유하는 것이었다. 말하자면 그것은
일종의 대항음모를 형성하면서 그 대항음모의 주체로서 스
스로를 사회의 중심부로 옮겨놓는 방식, 한마디로 집권당
이 되는 것이다. 공산주의 혁명은, 열린 사회라는 환영의 이
면에 불투명한 역설의 상태에 놓인 채로 교묘하게 사람들
을 조종하는 음모적 권력이 있다는 의심을 제기하고 그것을
확증하며 물질화하는 작업을 수반한다. 이 역설을 폭로하고
선언하며 전유하는 것이야말로 진정한 철학적 과제인바, 바

로 그것이 철학자에게 통치의 힘을 부여한다. 소비에트 권력은 무엇보다도, 플라톤 이후 이제껏 모든 철학이 꿈꾸어 왔던 것을 실현시키려는 시도, 즉 철학의 왕국을 건설하기 위한 시도로 해석되어야 한다. 모든 공산주의 지도자들은 스스로를, 자신들의 실천 행위가 공산주의 이론의 발전에 기여했다고 그려질 것을 염두에 두는 일종의 철학자로 이해했다. 이런 관점에서라면 현실적인 패배조차도 성공만큼이나 값진 교훈으로 이해될 수 있다. 그리고 바로 그 점에서 공산주의 권력은 흔히 비교되곤 하는 파시즘의 체제들과 구별된다. 마찬가지로 전체주의적인 후자의 체제들은 말 그대로 충분히 전체[주의]적이지 못하다. 파시즘의 담론은 특정한 인종이나 국가가 다른 인종이나 국가들을 박해할 수 있는 권리를 공공연히 표명하고 있다는 바로 그 점에서 소피스트적인 것으로 남아 있다. 그와 달리 변증법적-유물론적 공산주의의 담론은 홀로 전체whole를 자신의 대상으로 채택한다. 당연히 이것은 이 담론에는 적이 없다는 뜻은 아니다. 하지만 이 담론은 적을 지목할 때조차 (누가 자신에게 적이 될 것인지를 결정할) 주권적 힘을 포기하지 않았다. 공산주의는 그것에 앞서 자신을 결정짓는 그 어떤 친구-적 관계도 인정하지 않았다. 부르주아 계급에 맞서 노동 계급의 이익을 수호하겠다고 천명하면서, 공산주의 운동은 사회란 서로 다른 계층으로 분할되기 마련이라는 이념에 근거했다. 그런데 그 이념 자체가 마르크스주의 이론의 산물이었던 것이다. 공산주의 리더십은 누가, 언제, 왜 프롤레타리아트에 속하며 누가, 언제, 왜 부르주아지에 해당하는지를 스스로 결정할 수 있는 권리를 보유했다. 전체성은 적의 부재를 함축한다. 다만 고의적으로 만들어낸 적의 경우는 예외가 될 뿐이다.

제2장   역설이 지배할 때

소비에트 연방은 문자 그대로 오직 철학에 근거하여 통치되는 국가로 스스로를 이해했다. 특히 공산당 지도부가 지도부로서 정당화될 수 있었던 까닭은 무엇보다 그것이 마르크스-레닌주의라는 특정한 철학 이론을 대표했기 때문이었다. 지도부에게는 그 밖의 다른 정당성이랄 게 없었다. 따라서 공산당 지도부의 주된 의무는 언제나 철학화하는philosophizing 것이었다. 여기서 마르크스-레닌주의 이론은 변증법적 유물론, 역사적 유물론, 그리고 과학적 유물론의 통일체로 이해되었다. 변증법적 유물론은 이 삼자 중에서 가장 중요하고 결정적인 것으로 간주되었는데, 왜냐하면 나머지 둘의 경우는 변증법적 유물론이라는 일반 이론을 역사에 대한 이해 및 공산주의적 미래 계획에 적용시킴으로써 도출될 수 있기 때문이다.

변증법적 유물론의 핵심은 대립물의 통일과 투쟁의 법칙이다. 이 법칙을 따른다는 것은 사실상 역설 속에서 사고한다는 것, 그러므로 가능한 한 제일 거대하고 급진적인 역설을 사유의 목표로서 추구한다는 것을 뜻한다. 변증법적 유물론이 전체whole에 대한 논리적이고 언어적인 이콘icon으로서 더 큰 역설을 추구하는 것은 말할 나위도 없이 헤겔 변증법으로부터 상속받은 것이다. 헤겔은 자신의 역설의 담론이 내뿜는 증거의 광휘를 오로지 근대 국가를 정당화하기 위해 사용했는데, 이때 근대 국가는 더 이상 역설적인 것으로서 사유되지 않는다. 헤겔에 따르면 역설적인 사유는 과거에 속한다. 본질상 여기서 헤겔은 이미 플라톤과 데카르트에서 나타난 바 있는 논리적 형태를 재생하고 있을 뿐이다. 즉 철학자가 형식화한 결정적이고 궁극적인 역설(가령, "가장 지혜로운 자는 지혜가 없는 자이다" 혹은 "신의 존재를 포함한 모든 것을 의심하는 자만이 그가 존재한다는 사실을 안다")이 이미 역설적 성격을 상실해버렸지만, 논리적으로는 타당한 후속 담론을 정당화하는 데 사용되는 것이다.

역설을 과거로 추방시켜버린 헤겔에 맞서서, 키에르케
고르는 믿음의 역설, 가령 신적인 것은 모든 유한자가 아니
라 오직 특정한 개별 유한자에게서만 발견될 수 있다(예컨
대, 다른 방랑 설교자들이 아니라 오직 예수 그리스도에게
서만)는 식의 믿음에 담긴 역설이 결코 과거로 추방될 수 없
다는 것을 보여주었다.[6] 역설은 단지 지배의 근거를 마련해
주는 것에 머물러서는 안 된다. 그것은 지배를 실행할 수 있
어야만 한다.

사실 변증법적 유물론이란 모순이 과거에만 국한될 수
는 없다는 단언 이외에 그 어떤 것도 아니다. 왜냐하면 '물
질적 현실'이라는 것 자체가 내적으로 모순적이고 역설적이
기 때문이다. 모순들이 '정신 속에서in spirit' 발견되고 반성
되는 경우에조차, 그것들은 제거되지 않은 채로 여전히 현
실 안에서 작용한다. 모순은 지양되거나 기억 속에 가둬질
수 없다. 그것은 다만 관리될 수 있을 뿐이며, 이러한 관리
작업은 반드시 현실적이고 유물론적인 것이어야만 한다. 변
증법적 유물론에서 '물질적인 것'은 실증주의 과학이 이해

---

6   Sören Kierkegaard, *Philosophische Brocken*, Düsseldorf-Köln: Eugen
Diederichs Verlag, 1960, s. 60 이하 참조.

하는 것처럼 물질의 우선권을 의미하는 것이 아니다. 변증
법적 유물론의 핵심 공식은, 모든 소비에트 학생들이 배워
야만 했듯이, 존재가 의식을 결정한다는 것이다. '물질matter'
이라는 단어는 이 공식에 전혀 등장하지 않는다. 그리고 여
기서 '존재'라는 단어를 통해 이해해야 할 것은 다름 아닌
자신의 총체성 안에 놓인 세계의 (자기)모순성이다. 바로 이
모순성이 개인의 의식을 결정하는바, 의식은 이 모순들에
연루되는 것을 결코 피할 수 없다.

결국, 변증법적 유물론에 따라 사고한다는 것은 끊임없
이 모순과 역설의 관점에서 사고한다는 것을 뜻한다. 변증
법적 유물론의 모든 핵심 공식들은 철저한 역설성을 그 특
징으로 한다. 뒤집어 말하면, 변증법적 유물론의 역설성의
정도를 낮추려는—즉 그것을 완화시키거나 아예 제거하려
는—모든 시도는 '일면성'의 징후, 전체에 내재한 모순을
사유할 줄 모르는 무능함으로 간주되어 비난을 받게 된다.
변증법적 유물론의 논리 체제 속에서 일면성에 대한 질책이
행한 역할은, 이를테면 형식논리학의 맥락에서 내재적 모순
성이 행한 역할과 마찬가지였다. 만일 어떤 명제가 일면적
이고 비변증법적인 것으로 범주화되면, 그것은 자동으로 거
부되고 그 저자는 자격을 박탈당했다. 그렇지만 사실 일면

적이라는 것은, 거칠게 말해 형식논리적으로 타당하다는 것, 즉 역설적이지 않다는 것과 같은 말이다. 변증법적 유물론의 논리 체제는 부르주아적인 형식논리학 사고의 논리 체제에 180도로 대립했다. 역설적이라는 이유로 형식논리학의 관점에서 부당하다고 여겨졌던 진술들이 변증법적 유물론의 관점에서는 현실을 포착할 수 있는 유일한 진리가 되었다. 논리적이고 모순 없는 명제들이야말로 일면적이기 때문에 부당한 것으로 간주되어 거부되어야 했던 것이다.

내적인 모순의 최대치를 향한 요구는 철학뿐만 아니라 정치적인 담론에도 적용되었다. 그 최초의 사례 중 하나로 1908년 러시아의 사회민주주의 좌익 진영에서 격렬하게 폭발했던 유명한 논쟁을 들 수 있다. 논쟁의 주제는 좌파가 차르 체제의 법률에 따라 그 관할하에 치러질 선거에 참여하여 두마(의회)에 대표자를 내보낼 것인지, 아니면 차르 체제는 더 이상 정당성이 없으므로 지하에서 체제를 향한 투쟁을 벌이는 것이 더 나은지에 관한 것이었다. 이 문제를 둘러싸고 당은 심각한 분열 상태에 빠졌다. 지하 투쟁을 단념하고 사회민주주의 당을 완전한 합법 정당으로 재조직하기를 바라는 '청산파Liquidators'와 두마를 떠나 당 전체가 지하로 내려갈 것을 요구하는 '소환파Otzovists'로 나뉜 것이다. 바로 이 대목에서 레닌은 향후 기준으로 채택될 다음과 같은 해결 방안을 내놓게 된다. 두마에 대표단을 보내고, 지하에서는 그 두마를 포함한 체제 전체와의 투쟁을 실시한다. 당이 스스로 대표자들을 두마에 보냈기 때문에 결국 당이 [그들의] 대표자들과 싸우는 꼴이 된다는 역설은 레닌의 제안을 문제 삼을 요건이 전혀 되지 못했다. 오히려 그 반대인데, 즉 바로 이런 역설적 성격이 그의 제안을 변증법적인 것으로, 결과적으로 올바른 것으로 만들어준다. 왜냐하면 그렇게 함으로써 프롤레타리아트 계급투쟁이 사회의 전체 영역을 포괄할 수 있게 되기 때문이다. 요컨대 이 투쟁은 양쪽에서, 그러니까 평화적 수단을 통해 두마 내부에서, 그리고 혁명을 예비하면서 두마 바깥쪽에서 동시에 수행되었다. 정치적 프로그램을 역설로서 공식화할 때의 이점은 여기서 분명하게 드러난다. 정치적 영역의 총체성이 시야에 들어왔고, 사람들은 이제 배제가 아니라 포함의 방식에 따라 활동할 수 있게 되었던 것이다.

　이후의 정치적 논쟁들은 바로 이런 방식으로 진행되었다. 모든 논쟁은 역설의 형식을 갖춘 정식화로 마무리되었다. 예컨대, 혁명 이후 트로츠키는 노동자들을 유사 군대와 같은 방식으로 조직화하고 엄격하게 훈련시키는 한편, 농민

들로 하여금 이 프롤레타리아 노동자 군대를 먹이고 유지시
키도록 강제하자고 주장했다. 반면 부하린Nikolai Bukharin이
나 리코프Aleksey Rykov 같은 사람들은 좀더 온건했다. 그들
은 농민들이 가급적 가장 평화로운 방식을 거쳐 사회주의
로 '성장'해나갈 수 있기를 바랐고, 그래서 산업이 얼마간 느
린 속도로 발전할 수도 있다는 점을 받아들일 준비가 되어
있었다. 바로 이런 입장들이 당의 일반 노선으로부터 벗어
난 좌편향과 우편향을 형성했다. 1930년대 초에 스탈린으로
대표되는 일반 노선이 승리를 거두면서 좌우편향이 약 십여
년에 걸쳐 척결되기 전까지, 이들 입장들 간의 투쟁은 상당
기간 국가의 명운을 결정지었다. 그렇다면 저 일반 노선이
라는 것은 어떤 식으로 정의되었을까? 그것은 좌파와 우파
대립자들의 요구들을 종합한 것으로 공식화될 수 있다. 당
시 당의 모든 공식 서류들이 그렇듯이, 스탈린의 모든 문서
와 연설 들에는 말과 글을 통해 이미 다 알려진 이런저런 대
립하는 입장들 이외에 그 어떤 것도 담겨져 있지 않았다. 단
하나의—하지만 제일 중요한—차이점이라면, 당 내에서
대립하고 있는 입장들의 상충된 요구들이 동시에 수용되고
옹호되고 있다는 점이었다. 예를 들어, 최대한 급속한 산업
의 발전이 농업의 번영과 결합되어야만 했으며, 그 둘은 서

로에게 호혜적이고 변증법적인 상호 조건이 되어야만 했던 것이다.

　이 시기 당 내부에서 벌어진 논쟁들의 논리는, 그러므로 다음과 같이 요약될 수 있다. 편향은 그것을 주장하는 사람의 견해에 근거하여 편향으로 간주되어서는 안 된다. 그 판단의 근거는 그가 주장하고 있는 것과 정반대의 주장 또한 마찬가지로 진실한 주장일 수 있다는 사실을 받아들이기를 거부한다는 것에서 찾아져야 한다. 편향자들을 '일면적'인 자들로 간주해 자격을 박탈할 수 있는 근거가 바로 여기에 있다. 실제로 그들의 요구들은 일반 노선 안에서 모두 수용되었다. 그들의 모든 주장은, 이미 언제나 지배하는 역설 ruling paradox 안에서 통합되고 고려되었던 것이다. 그렇다면 다음의 질문이 가능하다. 편향자들이 여전히 더 원했던 것은 무엇이었을까? 대답은 이런 것이 될 수밖에 없다. 그들은 단순히 어떤 것을 주장하기만 한 것이 아니라—그런 행위는 완전히 정당한 것으로서 인정되었다—거기서 더 나아가 그들이 주장했던 것과 반대되는 것을 부정하고 부인하려 했던 것이다. 사실 모순이 없는 명제를 추구하는 형식논리학에서는 이러한 두번째 단계—주장되고 있는 것의 반대를 부정하는 것—가 말 그대로 다음 단계를 의미하지 않는다.

주장되고 있는 것의 반대를 부정하는 것은 단지 첫번째 주장에 딸려 나오는 부수적인 결과일 뿐이다. 하지만 변증법적 유물론에서는 이 두번째 단계가 논리상 첫번째 단계로부터 독립해 있으며, 더 나아가 이 두번째 단계야말로 결정적이다. 왜냐하면 삶과 죽음의 차이를 결정짓는 것이 바로 이 두번째 단계이기 때문이다.

변증법적 유물론은 삶이 내재적으로 모순적이라고 믿는다. 그런 까닭에 변증법적 유물론은 삶을 지배하기 위해 역설을 통해 삶을 포착할 것을 추구한다. 다르게 말해 변증법적 유물론에서는 오로지 전체, 즉 총체성totality만이 살아 있는 것이다. 그러므로 A를 말했다고 해서, 그것이 곧 A의 부정을 금지하기를 원하고 있는 것이 아니다. 만약 A의 부정이 금지된다면, A의 부정은 전체에서 배제될 것이고, 그렇게 되면 전체는 전체로서 살아 있는 것이기를 멈추게 될 것이다. 또한 변증법적 유물론은 단지 삶에 대해 발언하고자 하는 게 아니라 거기서 더 나아가 이 담론 자체가 살아 있기를 원한다. 그런데 변증법적 유물론에서 살아 있다는 것은 곧 모순적이고 역설적이라는 뜻이다. 실제로 기계를 인간으로부터 원칙적으로 구별짓는 것은 기계가 형식논리적으로 타당하게 사고한다는 점이다. 만일 기계가 역설에 부딪친다면, 그 기계는 분명히 망가질 것이다. 반면에 인간은 역설 가운데서, 역설을 통해서만 살고 번영할 수 있다. 더 나아가 인간은 그들에게 삶의 총체를 드러내 보여주는 역설 안에서만 진실되게 살아 있을 수 있다. 여기서 총체성과 보편성 universality의 예리한 차이를 지적할 필요가 있겠다. 어떤 명제의 보편성이란 그것의 일반적인 타당성을 가리킨다. 그러나 변증법적 유물론의 관점에서 어떤 명제의 일반적인 타당성을 주장한다면, 그것은 대안을 완전히 배제시켜버리기 때문에 급진적인 일면성으로 간주된다. 그러므로 논리적으로 타당한, 자신의 일면적 명제에 보편성이라는 위상을 주장하기를 원하는 사람은, 보편적으로 사고하는 게 아니라 총체적으로 사고하는 당의 변증법적 이성에 반하는 행동을 하게 되는 것이다.

일단 이런 식의 논리가 확립되자, 다양한 대립물들의 운명이 결정되었다. 그들은 일면적이고 보편적이며 형식논리적으로 타당하고 표면적으로 모순이 없는 공식을 가지고, 역설적이기에 살아 있는 공산주의의 언어를 살해하려 했다는 명목으로 스탈린 지도부에 의해 고발당했다. 살아 있는 방식으로 말할 준비가 되어 있는 사람들만이 일반 노선에 충실한 채로 남아 있을 수 있었다. 즉 주어진 주장의 정당성이 그 주장의 반대가 부당하다는 사실을 이끌어내기에는 한참 모자라다는 사실을 이해한 사람들만이 살아남았던 것이다. 형식논리학이나 헤겔주의의 변증법적 논리학과는 반대로 변증법적 유물론은 총체의 논리다. 형식논리학은 역설을 배제한다. 헤겔의 변증법적 논리학은 시간의 흐름에 따라 소멸하는 역설만을 허용한다. 그러나 총체의 논리는 역설이야말로 죽음마저도 감안하는 삶의 원칙이며, 그런 점에서 전체, 즉 총체성의 이론이라고 주장한다. 총체의 논리가 총체적인 이유는, 총체 자체가 그것의 광휘 가운데서 나타나도록 허용하며, 모든 가능한 명제들의 총체성을 동시에 사유하고 확증하기 때문이다. 총체의 논리는 진정으로 정치적인 논리이다. 그것은 역설인 동시에 정통 교리orthodox이기도 하다.

공식적인 소비에트의 변증법적 유물론은 흔히—특히 서구 좌파들에 의해 더 자주—경직되고 도그마적이어서 지적으로 비생산적인 것, 그래서 궁극적으로는 이론으로서 부적절한 것으로 간주되곤 한다. 공식적인 소비에트식 사고를 이런 식으로 특징짓는 것은 부분적으로는 동의할 만하다. 하지만 이런 규정 하나만으로는 소비에트식 사고를 충분히 적절하게 규명해낼 수 없다. 왜냐하면 여기서 '도그마적'이라는 단어의 의미가 불분명하기 때문이다. 만약 어떤 사람이 도그마적으로 사고한다는 평가를 받는다고 할 때, 그것은 그 사람이 가진 세계관이 내적으로 모순되거나 현실과 부딪힌다는 점을 증명할 수 있는 모든 반론에도 불구하고 특정 세계관을 계속해서 고수한다는 것을 의미한다. 이런 종류의 빈약한 수용력은 보통 개인적인 무분별함, 즉 이데올로기적으로-유도된 맹목성에서 기인하거나, 더 나쁘게는 불편한 진실을 인정하고 그 필연적인 결과를 추론하기를 고의적으로 거부하는 것에서 생겨난다. 그런데 사실 소비에트 이데올로기의 특징은, 이 이데올로기가 모순되며 현실에도 들어맞지 않는다는 사실을 증명하는 각종 주장들에 대해 그것이 보여주는 모종의 면역력에 있다. 이런 면역력의 근거는 그러한 비판을 무시하는 태도나 빈약한 수용력에 있지 않다. 오히려 이런 면역력은 소비에트 이데올로기의 세계관이 모순적이라는 증거가 이 세계관을 논박하기는커녕 오히려 그것을 확증해준다고 보는, 소비에트 이데올로기의 확신에서 나온다.

소비에트 연방에서 변증법적 유물론을 공부했던 사람들은 이 이론에 대한 서구의 비판에 깜짝 놀라지 않을 수 없었다. 왜냐하면 대체로 그러한 비판들은 스탈린식 정통 교

리가 최종적으로 승리하기 이전부터 존재했던, 소비에트 내
부 반대자들의 갖가지 주장을 그대로 반복하고 있기 때문이
었다. 이러한 비판자들 중 어떤 사람들에겐 스탈린식 정
통 교리가 충분히 인간적이지 못한 것이었던 반면 또 다른
사람들은 스탈린식 정통 교리를 지나치게 인간적인 것으로
여겼다. 인간에게 과도한 중요성을 부여하는 것에 비해 사
회 발전의 익명적 역학에 대한 설명이 너무 적기 때문이라
는 게 그 이유였다. 그런가 하면 어떤 이들에겐 이 정통 교
리가 너무나 변증법적이었고, 또 다른 이들에겐 충분히 변
증법적이지 않았다. 어떤 사람들은 이 정통 교리가 지나치
게 주의주의主意主義적이라고 보았던 반면 다른 사람들은 그
것이 결여하고 있는 것이 바로 그런 행동주의라고 생각했
다. 수많은 사례들이 더 추가될 수 있을 것이다. 이 시기에
변증법적 유물론을 배운 학생들 가운데 이러한 상호 모순되
는 비판들에 당황했던 학생들은 교수로부터 기본적으로 단
한 가지의 조언만을 들을 수 있었다. 모든 비판들을 통합하
여 생각하라는 것이다. 그렇게 하면 누구든지 그 결과로 변
증법적 유물론을 얻게 된다. 특히 1960년대와 1970년대에
소비에트 연방에서는 소비에트 이데올로기에 대한 서구의
비판들을 (재)비판하면서 수천에 달하는 출판물들이 등장했

다. 이 모든 출판물들은 본질적으로 단 하나의 논지를 향하고 있다. 문제가 되는 비판들은 서로 모순적이며, 따라서 다 같이 놓았을 때 변증법적 유물론의 진술을 산출한다는 것이다. 이처럼 별다른 어려움 없이, 단지 총체의 논리 법칙을 적용하는 것만으로 모든 비판들을 넘어서는 변증법적 유물론의 우위가 시연될 수 있었다. 상황 자체가 계속해서 반복되자, 이와 같은 시도는 의도적으로 되풀이되었다. 소비에트 이데올로기는 서로 반대되는 두 가지 입장을 통해 비판되었고, 그렇기 때문에 확증될 수 있었다. 이러한 반복성은 변증법적 유물론이 모든 반대편을 배제시키는 닫힌 독트린 중 하나라는 인상을 불러일으켰다. 그러나 사실은 그 반대다. 총체의 논리는 열린 논리다. 그것은 A와 ~A를 동시에 받아들이며, 따라서 아무것도 배제하지 않는다. 변증법적 유물론은 배제의 배제로서 기능한다. 그것은 모든 반대[입장]를 받아들인다. 그것이 받아들이지 않는 유일한 것은 이 반대를 통해 그것과 반대되는 것을 받아들이기를 거부하는 것이다. 요컨대 변증법적 유물론은 절대적으로 개방되기를 원하면서, 그 자신이 하듯 그렇게 개방되려 하지 않는 모든 것들을 배제시키는 것이다.

이런 종류의 총체의 논리는 물론 긴 전사를 가지고 있

다. 너무 먼 과거로 소급할 필요도 없이, 기독교의 도그마가 다름 아닌 역설이다. 성 삼위일체는 일자—者와 세 위격을 동일성으로 묘사한다. 예수 그리스도는 신성과 인성의 통일체인데, 양립할 수 없지만 동시에 분리될 수도 없다. 그리스도는 인간이자 신이며 동시에 인간과 신의 통일체이다. 이러한 예들을 볼 때 기독교적 정통 교리가 역설 속에서 사유한다는 점은 명백하다. 이러한 사유는 절대로 비논리적인 것이 아니다. 왜냐하면 신학적인 사유는 총체를 인식하고자 하며 그것은 충분히 역설적이지 않은 모든 것들, 가령 형식 논리학적으로 지나치게 타당하며 조리가 있고 모순이 없어서 결국은 일면적이게 되고 마는 모든 것들을 엄격하게 배제하기 때문이다. 논리적으로 타당하며 따라서 그리스도 안에서 신만을 보거나 인간만을 보려 했던 모든 신학적 교리들은 기독교의 도그마티즘에 의해 이단으로 범주화되었고, 그 주창자들은 교회의 박해를 받았다. 그런데 사실 기독교의 도그마티즘은 이러한 각종 이단들의 총합에 다름 아니다. 공산주의 도그마티즘과 마찬가지로 기독교 도그마티즘 역시 전적으로 개방적이고 포괄적인 것이 되고자 한다. 그것이 이단을 박해하는 이유는 후자가 자신과 상반되는 다른 이단을 거부하기 때문이다.

이런 식으로 신학적 사유는 가능한 가장 위대한 역설, 즉 형식논리학적으로 타당하고 일관된 일면적 사고 속에 이런 역설을 포함시킬 가능성을 가장 급진적으로 배제하는 그런 종류의 역설을 추구한다. 테르툴리아누스Tertullianus가 'credo quia absurdum(불합리하기 때문에 믿는다)'라고 선언했을 때, 이 말은 모든 불합리를 단지 그것이 불합리라는 이유만으로 믿기로 했다는 그런 의미가 결코 아니다. 그가 의미한 것은 기독교의 불합리만이 완전한 불합리, 즉 완전한 역설성의 논리적 기준에 부합하므로, 그에 의거해 기독교만이 총체성의 이콘이 될 수 있는 요건을 만족시킨다는 점이었다. 공산주의의 총체의 논리 또한 기독교의 도그마티즘의 총체의 논리, 완전한 자기모순을 향한 추구라는 전통의 연장선상에 서 있다. 이는 마르크스와 레닌이 줄기차게 말했던 것처럼, 공산주의야말로 무신론의 가장 완전한 형식이기 때문이다. 형식논리도, 변증법적 논리도 총체를 사유할 수 있도록 해주지 못했다. 형식논리는 역설을 배제하고, 변증법은 역설을 시간적으로 한정한다. 그런 까닭에 총체의 논리의 규칙을 따르면서 전체를 사유할 수 있는 '신적인' 신학적 사유는 모든 '인간적' 사고보다 우월한 것이 된다. 급진적인 무신론으로의 전환은 역설적 정통 교리의 총체의 논리를 인간의 이성을 통해 전유함으로써만 완벽해질 수 있는바, 바로 그런 전유의 결과로 이제 신적인 것을 위한 빈 공간이 더이상 남아 있지 않게 된 것이다.

물론 다음과 같은 주장이 가능할 것이다(실제로 그렇게 주장되어왔다). 역설을 통해 논증하는 총체의 논리는 그것을 연마한 인간으로 하여금 점차 냉소적이고 기회주의적으로 사고하고 행동하도록 이끈다고 말이다. 권력의 전횡은 그 어떤 합리적인 법칙도 그것을 제한할 수 없게 되자 무한정한 규모를 획득했다. 이런 점에서 조지 오웰의 소설 『1984』는 변증법적 유물론의 총체의 논리에 대한 탁월한 패러디로 볼 수 있다. 하지만 그 패러디가 아무리 탁월하다 해도, 그것이야말로 본래 역설적 사고 자체로부터 뿜어져 나온 증거의 광휘를 드러낸다는 사실을 가릴 수는 없다. 총체의 논리 역시 여전히 논리이다. 역설적이고 변증법적인 이성 또한 나름의 규칙들을 지니는 이성이다. 끊임없이 역설적으로 사유한다는 것은 지극히 어려운 일이다. 기독교와 공산주의 이단의 역사는 이러한 어려움을 잘 보여준다. 총체의 논리에서의 이단이란 형식논리에 있어서의 비일관성에 해당한다. 그래서 역설을 이성적으로 합리화하려는 시도를 피하기는 역설 자체를 피하는 것만큼이나 어렵다. 기독

교 신학은 완전히 역설적인 공식들——혹은 적어도 그렇게
보이는 공식들——에 도달하기까지 수세기에 걸친 지적인 분
투를 필요로 했다. 여러 방향으로 역설을 약화시킴으로써
신학을 형식논리의 규칙에 종속시키고 총체를 향한 신학의
요구를 기각시키려는 이단들에 맞서 기독교 신학은 끊임없
이 투쟁해야만 했다. 정확히 동일한 방식으로 소비에트 권
력은 스탈린식 정통 교리 속에 함께 도입된, 거의 완벽에 가
까운 역설적 공식들에 도달하기 위해 수십 년에 걸친 지적
으로 매우 까다로운 격렬한 논쟁을 필요로 했다.

　　스탈린의 관리 감독하에 집필된 저 유명한 『소비에트
공산당(볼셰비키)의 역사: 단기 코스』는 공산주의 운동의
역사를, 무엇보다 먼저 완벽하게 역설적인 정통 교리를 추
구하는 과정에서 여러 이단들에 맞서 투쟁했던 역사로서 기
록하고 있다. 가장 흥미로운 부분은 변증법적, 역사적 유물
론에 온전히 할애된 장章인데, 전해지는 이야기에 따르면 스
탈린이 직접 썼다고 한다. 과연 스탈린의 저술을 많이 읽어
본 사람에게 이 부분은 스타일 면에서 의심할 바 없이 친숙
하게 다가온다. 사실이 어떻든 간에 이 텍스트는 소비에트
의 공식적인 철학 담론이 이후에도 거의 벗어난 적이 없는,
정전적인 정통의 형식을 제시해주었다.

이 장의 도입부를 보면, 변증법적 유물론이 아래와 같은 방식으로 특징지어진다.

사고 속에서 모순을 들춰내고 반대되는 의견들과 충돌하는 것이 진리에 도달하는 가장 좋은 방법이라고 생각했던 고대 철학자들이 있었다. 사고의 이러한 변증법적인 방법론은 이후에 자연현상들로까지 확대되어 자연을 이해하기 위한 변증법적인 방법론으로 발전했는데, 이에 따르면 자연의 현상들은 끊임없이 운동하는 가운데 계속적인 변화를 겪게 마련이며, 자연의 발전은 자연 속의 모순들이 발전한 결과이자 자연 속의 대립하는 힘들이 상호 작용한 결과이다.[7]

계속해서 스탈린(저자가 정말로 스탈린이라면)은 변증법적인 방법론이 전체와 총체성을 사고할 수 있으며 또 그

7   История Всесоюзной коммунистической партии (большевиков), Краткий курс, Под редакцией коммиссии ЦК ВКП (б), Москва: Государственное издательство политической культуры, 1953, с. 100~101.

래야만 한다고 강조한다. "그러므로 변증법적인 방법론은 자연 속의 어떤 현상도 주변 현상들로부터 따로 떼어진 채 그 자체만으로는 이해될 수 없다고 여긴다."[8] 조금 후 스탈린은 레닌의 핵심적인 정식화를 언급한다. "레닌에 따르면 '본래적인 의미에서 변증법이란 사물의 본질 그 자체에 내재한 모순을 연구하는 것이다.'" 그런 다음 스탈린은 "요컨대 이와 같은 것들이 마르크스의 변증법적 방법론의 기본 특징들이다"라고 결론짓는다.[9]

스탈린은 분명 전체 세계가 내적으로 모순적이며, 이 모순들은 세계의 모든 현상들 속에서 끊임없이 재생산된다고 보고 있다. 그러므로 세계를 이해한다는 것은 곧 특정한 시기에 세계의 형상configuration을 규정하는 모순을 이해한다는 뜻이 된다. 스탈린에게 사회 발전의 역학은 무엇보다도 토대와 상부구조 사이의 모순들에 의해 결정된다. 생산력은 결코 생산관계들과 그것들에 상응하는 문화적 제도들만으로 간단히 표현되지 않는다. 상부구조는 그저 수동적으로 토대를 반영하는 것이 아니다. 제도적 기관과 이론적 성찰

---

8   같은 책, c. 101.

9   같은 책, c. 104.

은 절대로 생산력의 발전 정도를 중립적이고 객관적으로 거울처럼 반영하지 않는다. 그러는 대신에 상부구조는 생산력의 발전을 따라잡지 못해 사회 발전을 지체시킬 수도 있고, 반대로 생산력의 발전을 앞질러 감으로써 의식적으로 발전의 속도를 높이도록 압력을 행사할 수도 있다. 첫번째가 반동적인 상부구조라면, 두번째는 진보적인 상부구조이다.

한편으로, 스탈린은 다음과 같이 주장한다.

그런 까닭에 정책에서 오류를 범하지 않고, 나태한 몽상가들의 입장이 된 자신을 발견하지 않으려면, 프롤레타리아당은 추상적인 '인간 이성의 원칙'이 아니라 사회 발전을 결정하는 힘이라 할 사회의 물질적 삶의 구체적인 조건들을 행위의 근거로 삼아야만 한다.[10]

그러나 또 다른 한편으로, 사상은 그렇게 사소하기만 한 것이 아니다.

다양한 종류의 사회사상과 이론 들이 있다. 자기 시대보다

10　같은 책, c. 110.

오래 살아남아 소멸 직전의 사회 세력의 이익을 위해 봉사
하는 낡은 사상과 이론 들도 있다. 그것들은 사회의 발전
과 진보를 저해한다는 데 존재 의의가 있다. 한편 사회의
진보 세력의 이익을 위해 봉사하는 젊고 진보적인 사상과
이론 들도 있다. 그것들은 사회의 발전과 진보를 가능하게
한다는 데 의의가 있다. 그러한 사상과 이론이 사회의 물
질적 삶의 발전에 필요한 것들을 더 정확하게 반영할수록
그 의의는 더욱 커질 것이다. [……] 이와 관련해 마르크스
는 이렇게 말했다. "대중을 손에 넣자마자 이론은 물질적
인 힘이 된다."[11]

그러므로 스탈린은 역사의 진행 과정에서 상부구조에
적극적인 역할을 부여하지 않으려 했던 이론가들을 거부한
다. 하지만 그는 동시에 상부구조의 조형적인 역할을 과도
하게 강조하는 반대편 편향에 대해서도 똑같이 비판하고 있
다.

인민주의자들, 무정부주의자들, 사회주의 혁명가들을 포함

11   같은 책, c. 111~12.

74

한 이상주의자들의 실패는 무엇보다도 사회 발전에 있어서 사회의 물질적 삶의 조건들이 수행하는 기본적인 역할을 인식하지 못하고, 이상주의에 빠져 실천적인 행위의 근간을 사회의 물질적 삶의 발전이라는 필요에 두지 않고 그러한 요구들과 무관하게, 그리고 그러한 요구들에도 불구하고, 사회의 실제적 삶과 분리된 '이상적인 계획들'과 '모든 것을 아우를 수 있는 기획'에 두었다는 사실에 기인한다.[12]

결국 스탈린에 의해 묘사된 역사는 사회의 토대와 상부구조 사이에서 그 어느 쪽에도 일방적으로 기울지 않는 영속적인 모순에 의해 추동되어 앞으로 나아가는 과정에 다름 아니다.

사회적인 과정을 추동하는 모순과 관련해 핵심적인 질문 하나가 제기될 필요가 있다. 모순이 발생하는 매체medium와 관련된 것이다. 토대와 상부구조가 서로 간의 모순과 긴장 속에 존재한다면, 매체 그 자체는 토대도 상부구조도 아니면서 토대와 상부구조를 동시에 포함하는 것이어야만 한

---

12   같은 책, c. 110.

다. 왜냐하면 오직 그러한 매체 속에서만 이 양자 사이의 모
순이 성립되고 표현될 수 있기 때문이다. 스탈린은 훨씬 이
후인 1950년에 이르러서야 처음으로 이 문제를 언급한다.
그의 대답은 다음과 같다. 그 매체는 바로 언어다.

스탈린이 죽기 직전에 발표된 마지막 저작에서, 우리는
소련 공산당에 의해 한참 전에 이미 정치적으로 수행된 바
있는, 혁명적인 언어적 전환의 뒤늦은 반영물을 발견할 수
있다. 스탈린의 이 저작은, '보통' 사람들이 스탈린에게 질문
을 던지고 그가 응답하는 다소 특이한 형태로 구성되어 있
다. 첫번째 글은 익명의 '젊은 세대 동지 그룹'의 질문에 대
한 스탈린의 응답으로 이루어져 있는데, 그들은 스탈린에게
언어학적인 문제들에 관해 스탈린의 사상을 담은 책을 출판
해달라고 간청한다. 크라셰닌니코바 동지의 질문에 대한 응
답이 그 뒤를 잇는데, 이 인물에 대해서는 전혀 구체적인 정
보가 주어져 있지 않다. 그 뒤로도 독자들 누구에게도 알려
져 있지 않았으며, 신상정보나 직업 역시 수수께끼로 남아
있는 산제예프, 벨킨, 퓌러, 홀로포프 동지의 질문에 대한 대
답이 계속 이어진다. 이런 구성은 스탈린이 자가 인터뷰라
는 문학 장르를 시도하고 있다는 인상을 준다. 즉 스스로 제
기한 문제들을 이런 허구의 인물들에게 나누어 줌으로써 텍

스트가 파편적인 것이 됨과 동시에 생생하면서 잠정적인 성격을 띨 수 있게 된다. 스탈린의 대답은 일종의 연재소설처럼 며칠에 걸쳐 『프라브다*Pravda*』지紙에 게재되었다. 새로운 등장인물에게 할당된 일련의 새로운 질문들은 앞선 회 차의 대화에서 스탈린의 의견에서 불완전하게 남아 있던 것들이나 명료하게 정식화되지 못했던 답변들을 좀더 명확하고 이해하기 쉽게 만들도록 설계되어 있었다. 이 모든 기획은 시작도 끝도 없는, 철저하게 실험적이고 비독단적인 자기 자신과의 공개적 대화의 기이한 사례라 할 만하다. 하지만 정치 지도자의 내적인 삶에 대한 이 특별한 증언을 읽다보면, 적어도 한 가지는 분명해진다. 스탈린이 완결되지도 못한 이런 파편적이고 잠정적인 통찰들을 지체 없이 출판하려 서둘렀던 이유는, 그가 스스로 엄청나게 중요한 무언가를 생각해냈다고 믿었고, 세계가 그 발견을 깨닫지 못한 채로 남아 있지 않기를 바랐기 때문이라는 것이다.

　본래 스탈린으로 하여금 스스로에게 이런 질문들을 던지도록 만든 것은 언어가 상부구조에 속한다고 보았던, 당대에 영향력이 상당했던 소비에트 언어학자 마르Nikolay Marr의 이론이었다.[13] 스탈린은 상부구조가 언제나 그렇듯이 언어 또한 계급에 따라 달라질 수 있다는 생각에 도전하면서, 마르의 테제를 강력하게 거부한다. 그 대신 스탈린은 다음의 사실을 강조한다.

언어는 사람들 간의 소통을 위한 수단으로서 전체로서의 사회에 복무하기 위해서, 다시 말해 각각의 계급적 상황에 관계없이 사회 구성원들 모두를 위한 단일하고 일반적인 것이 되기 위해 창조되었으며, 또 그를 위해 존재한다. [……] 이런 관점에서 볼 때, 언어는 상부구조와 원칙적으로 구별된다. 어떻게 보면 언어는 생산설비들, 이를테면 사회주의 체제뿐 아니라 자본주의 체제에서도 마찬가지로

13 (옮긴이) 마르(1865~1934)는 1920년대 말에 이른바 '신언어학설'을 내놓으면서 소비에트 언어학의 '지도자'로 등극한 인물로, 그의 테제는 1932년 사망한 이후에도 후계자들에 의해 계승되어 소비에트 언어학의 공식 강령으로 군림한다. 그러다가 1950년 『프라브다』지에서 이른바 '마르주의'에 관한 최초의 논쟁이 벌어지게 되고, 같은 해 6월 20일 최고 지도자 스탈린이 직접 「언어학에서 마르크스주의에 관하여」라는 기고문을 통해 마르주의를 반박함으로써 몰락의 길을 걷게 된다. 이 글에서 스탈린은 "언어는 상부구조가 아니며" "모든 사회 구성원들의 공통적인 의사소통 수단"이라고 주장하고, "언어의 역사적 변화를 점진적인 것"으로 규정한다.

사용될 수 있는 기계와 같은 것이라 할 수 있다.[14]

어째서 스탈린이 언어가 상부구조의 특징을 갖는다는 테제에 그토록 맹렬하게 반대했는지가 금세 명확해진다. 상부구조는 총체적이지 않기 때문이다. 과연 그것은 토대와는 다르게 제한적이다. 언어가 상부구조에 속하게 되면 그것의 작동 범위 역시 제한된다. 하지만 스탈린은 그러한 제한성에 결코 만족할 수가 없었다. 그 이유는 명백하다. 소비에트 연방에서 경제적인 모든 것들은 언어를 통해 결정되고 언어를 통해 통제되었기 때문에, 만일 언어가 상부구조와 같은 제한적인 범위에 한정된다면, 스탈린의 지도력 또한 결과적으로 제한될 것이고, 소비에트 사회의 토대를 결정하고 구성하는 그의 권력도 축소될 것이기 때문이다. 바로 그런 이유로 스탈린은 다음과 같이 주장하는 것이다.

반대로 언어는 인간의 생산활동에 직접적으로 연관되어

---

14 И. В. Сталин, Сочинения, Т. 16, Москва: Писатель, 1997, с. 105. (옮긴이) 영어본은 Joseph Stalin, *Maxism and Problems of Linguistics*, Prism Key Press, 2013, pp. 9~10.

있을 뿐 아니라 생산에서 토대에 이르기까지 그리고 토대에서 상부구조에 이르기까지 노동의 전 영역에서 벌어지는 인간의 다른 모든 활동들과도 연관되어 있다. [……] 그 때문에 인간활동의 전 영역을 아우르는 언어의 활동 영역이 상부구조의 활동 영역보다 훨씬 더 넓고 다양한 것이다. 더 나아가, 그것은 사실상 무제한적이다.[15]

스탈린의 의도는 바로 다음과 같은 정식화에서 명확하게 드러난다. "생산과 직접적으로 연결되는 것이 아니라 경제를 매개로 연결되는 상부구조와 달리, 언어는 인간의 생산활동뿐 아니라 노동의 전 영역에서 벌어지는 인간의 다른 모든 활동들과 예외 없이 직접적으로 연결된다."[16] 요컨대 스탈린이 언어에 보장해주고 싶었던 것은 생산에 대한 직접적이고 무매개적인 접근권, 경제적으로 매개되지 않은 접근권이었던바, 이를 통해 언어 자체가 매체가 된다. 그리고 이 언어라는 매체 안에서는 상부구조가 토대를 직접적으로 조형할 수 있는 권력을 획득한다.

15   같은 책, c. 108.
16   같은 책, c. 117.

스탈린은 첫번째 자가 인터뷰가 출판된 뒤에야 언어라는 매체가 토대와 상부구조를 지배하는 대신 단지 그것들을 연결해주는 무언가로 이해될 위험성이 있다는 것을 깨달았다. 이후 스탈린은 크라셰닌니코바 동지의 질문에 답하면서 이런 해석을 사전에 차단하고자 했다. 그는 재차 강조한다. "간단히 말해서, 언어는 토대들 중 하나로도, 상부구조들 중 하나로도 자리매김rank될 수 없다. 토대와 상부구조 사이의 '중간적' 현상들 가운데에도 그것의 자리는 없는데, 왜냐하면 그와 같은 '중간적'인 현상들이란 존재하지 않기 때문이다."[17] 그는 스스로 질문하면서 더 나아간다.

하지만 언어는 어쩌면 사회의 생산력들 가운데, 이를테면 생산수단들 속에 자리매김될 수 있는 것이 아닐까? 언어와 생산수단 사이의 모종의 유비는 실제로 존재한다. 생산수단은, 언어가 그러하듯이, 계급에 대한 일종의 무관심을 분명하게 드러내면서, 서로 다른 사회 계급들, 가령 오래된 것과 낡은 것에 공히 복무한다. 이런 정황은 언어를 생산수단들 가운데 자리매김할 수 있는 근거를 제공하고 있지

---

17 같은 책, c. 126.

않은가?[18]

하지만 이에 대한 대답은 "그렇지 않다"이다. 왜냐하면 언어 그 자체는 아무런 물질적 부도 생산하지 않기 때문이다. 하지만 언어는 전혀 그런 것을 생산할 필요가 없는데, 언어는 이미 언제나 물질적이기 때문이다. 스탈린은 같은 텍스트에서 언어 없이도 생각이 존재할 수 있다는 마르의 사상을 비판한다. "언어질료가 없는, 언어라는 '천연 물질'이 없는 날것의 생각이란 존재하지 않는다."[19]

요컨대, 언어는 상부구조도 토대도 아니지만 그렇다고 생산력인 것도 아니다. 하지만 마찬가지로 그것은 상부구조이자 토대이며 동시에 생산력이기도 한데, 왜냐하면 언어 없이는 그 어떤 것도 존재하지 않으며 존재할 수도 없기 때문이다. 언어는 "대중을 손에 넣을" 때에만 생산력의 의미를 획득하는 게 아니라, 애초부터 물질적인 힘, 경제 너머에서 모든 물리적 세계와 '직접적으로' 연관되는 힘이다. 달리 말해, 언어는 경제, 즉 돈과 자본을 전적으로 대체할 수 있는

18　같은 곳.
19　같은 책, c. 127.

능력을 가지고 있는데, 이는 그것이 모든 인간 활동 및 삶의 전 영역에 대한 직접적인 접근권을 갖고 있기 때문이다. 그러므로 이를테면 언어적 상품들—그 상품들의 유통이 일반적 시장의 조건에 종속되어 삶의 다른 영역들과 경제적으로 연결된—을 생산하기 위한 재료가 되는 것 따위는 결코 언어의 결정적인 기능이 될 수 없다. 오히려 언어적 과정들은 토대와 상부구조를 직접 연결함으로써 즉각적으로 (시장) 경제를 제거할 수 있는 능력을 갖고 있다. 틀림없이 사회주의, 공산주의 사회에서 실현되는 것이 바로 언어의 이런 능력에 다름 아니다.

여기서 언어에 부여된 정의는 역설적이면서 자기모순적이다. 언어는 토대도 아니고 상부구조도 아니면서, 동시에 토대와 상부구조가 아닌 어떤 것도 아니다. 그러나 이런 [모순과 역설은] 스탈린에게 전혀 문제가 되지 않았다. 오히려 정반대로, 그는 자신이 "텍스트주의자들과 탈무드학자들 textualist and Talmudists"이라고 부르던 사람들에게 독설을 퍼붓기를 즐겨했다. 이들의 특징은 마르크스주의를 '도그마들의 집합'으로 이해한다는 것인데, 여기서 '도그마'라는 단어로 스탈린이 의미하는 것은 내적으로 모순되지 않는 발화, 보편타당성을 주장하면서 '살아 있는 모순'에 대립되는 발화이다. 스탈린이 자신의 초기 주장과 후기 주장 사이에서 모순을 발견했다고 주장하는 홀로포프 동지의 비난에 날카롭게 반응한 것은 그 때문이다. 스탈린은 이 모순이 존재한다는 사실을 반박하는 대신에 이 모순의 존재를 무언가 비난받을 만한 것으로 받아들이기를 거부하고 있다. 그는 이렇게 썼다.

> 두 공식들 사이에서 모순을 발견하고, 이 모순을 반드시 제거해야 한다고 확신하고 있는 홀로포프 동지는 이 공식들 중 하나를 거짓으로 제거하고 다른 하나를 어느 시대에나, 어느 나라에서나 참인 것으로서 붙잡아야만 한다고 생각하고 있지만, 정확히 어떤 공식을 붙잡아야 하는지는 모르고 있다. 홀로포프 동지는 두 공식 모두가 자신의 때를 만나면 각각 옳을 수도 있다는 사실은 짐작조차 하지 못한다.

스탈린은 계속한다. "텍스트주의자들과 탈무드학자들은 언제나 이런 식인데, 즉 그들은 문제의 본질을 꿰뚫지 못한 채로 인용을 하고, 인용문에서 다뤄지고 있는 역사적인 조건들을 무시하면서, 결국 막다른 골목에 이르게 된다."[20]

스탈린은 여기서 언급된 모순적인 진술들이 서로 다른 시대에 속하며, 따라서 본질적으로는 상호 모순되는 것이 아니라고 지적함으로써, 모순에 대한 자신의 애초의 옹호를 다소 약화시킨다. 하지만 같은 글에서 스탈린은 언어의 초역사적인 안정성을 강조한다. '홀로포프 동지'보다 복잡한 지성을 지닌 사람들은, 언어학에 관한 이 글이 사실상 모순을 논리의 최상의 법칙으로 선포하고 있다는 사실을 분명하게 알아차렸다. 마침 이 시기 소련에서는 생물학 영역에서 이데올로기 투쟁이 벌어졌는데, 핵심은 살아 있는 것이 죽은 것, 기계적인 것과 어떻게 구별되는가에 관한 문제였다. 여기서 유전학은 삶을 기호들의 죽은 결합에 종속시키려 한다는 이유로 권력의 대표자들로부터 죽음의 편에 서 있다는 혐의를 받게 되었다. 유전학에서 형식논리가 일정한 역할을 수행하고 있다는 사실이 이런 혐의를 강화했다. 형식논리는 기계의 논리일 뿐 자기모순 속에서 살아가는 인간들의 논리가 아닌 것으로 이해되었기 때문이다. 알렉산드르 오파린Aleksandr Oparin이 그의 짧은 책 『소비에트 생물학의 창조적인 발전에 있어서 언어학 분야에서 스탈린의 저작

---

20   같은 책, c. 135.

이 갖는 의의』[21]에서 언어학에 관한 스탈린의 언급과 기세등등한 반反유전학 진영의 대표였던 리셴코의 입장을 동일선상에 놓았던 근거가 여기에 있다. 오파린은 리셴코를 인용하는데, 후자는 수정의 목적을 "생물학적으로 모순적인 통합적 신체, 즉 생명이 가능한 신체"를 만들어내는 것으로 보았다. 여기서 전적으로 명료한 공식화가 가능해진다. 그 자체로 모순적인 것만이 살아 있는 것, 살아갈 능력이 있는 것으로 간주될 수 있다. 살아 있는 존재 자체가 특정한 논리적 형상, 다름 아닌 역설의 형상으로 이해되었던 것이다.

결국 최종적으로 스탈린식의 공산주의는 오직 언어만을 수단으로 작동되는 철인들의 왕국이라는 플라톤의 꿈을 실현시킨 것으로 판명된다. 플라톤의 국가에서는 철인들의 언어를 직접적인 권력 행위로 번역하는 특별한 수호자 계급이 가정되는데, 바로 이 번역이 국가의 통일성을 보장한다. 스탈린식의 국가에서도 같은 것을 보게 된다. [다만 거기서]

21 А. И. Опарин, Знание работ товарища И. В. Сталина о вопросах языкознания для развития советской биологической науки, Москва: Всесоюзное общество по распространению политеческих и научных знаний, 1951, с. 11.

철인의 언어를 행위로 번역하는 것은 국가 기구state apparatus 들이다. 그리고 알다시피 이러한 번역은 극도로 거친 방식으로 진행되었다. 하지만 어쨌든 여기서 말하는 것은 언어에 의한 통치 바로 그것이었다. 왜냐하면 철인이 국가 기구들로 하여금 그의 말을 듣도록 하고, 전체의 이름으로 행동하도록 만드는 유일한 수단은 언어라는 수단이었기 때문이다. 고전적인 군주정과 대조적으로, 권력은 군주의 신체에 의해—더 정확히 말하면 그 신체의 혈통에 의해—정당화되지 않는다. [군주정과] 비슷한 양상으로, 파시스트 지도자의 정통성은 그 신체의 인종적racial 혈통에서 나오는데, 이런 의미에서 보면 파시즘은 군주정의 민주주의적 변이형에 해당한다. 반면, 공산주의 지도자의 신체는 권력에 대한 권리와 무관하다. 공산주의 지도자가 자신의 정통성을 정당화하는 길은 하나뿐이다. 다른 사람들보다 더욱 변증법적으로, 즉 더욱더 역설적이고 더욱더 총체적으로 사고하고 말하는 것이다. 언어를 통한 이와 같은 증명이 없으면, 그게 언제가 됐든 언젠가는 정통성이 지도자를 떠나게 될 것이다.

철학적 통치를 향한 열망은 철학 그 자체와 분리될 수 없다. 결국 전체로서의 세계에 대한 통치가 아니라면 세계를 전체로서 사유할 필요가 무엇에 있겠는가? 권력을 향한 철인의 총체적인 요청을 폐기하는 것은, 철학사만 남겨놓고 철학 자체는 폐기한다는 것과 마찬가지이다. 그런데 여기서 플라톤적 국가에 대한 우리의 이해를 흐려놓는 또 하나의 일반적인 오해를 타파할 필요가 있다. 많은 사람들의 귀에 철인 왕국을 향한 요청은 비민주적인 것으로 들린다. 왜냐하면 철학은 대부분의 사람들이 갖지 못한 전문화된 지식으로 여겨지기 때문이다. 그런 이유로 철학의 왕국은 엘리트에 의한 지배이며, 대부분의 사람들을 배제하는 규칙의 체계를 의미한다고 추정된다. 하지만 철인이란 대체 누구를 가리키는가? 말하는 사람은 모두 철인이다. 그 혹은 그녀가 말을 하고 있는 (혹은 우아하게 침묵을 지키고 있는) 한 말이다. 왜냐하면 모든 발언은 직접적이든 간접적이든 언어의 전체를 가리키게refer 마련이며, 그 결과 철학적으로 적절한 것이 되기 때문이다. 언젠가 비트겐슈타인은 일상 언어로부터 특수하게 철학적인 언어, 즉 전체를 가리키기에 어쩔 수 없이 역설적일 수밖에 없는 언어를 말끔히 세척해내려고 시도했는데, 이는 대중을 완벽하게 비철학적으로 만들어 철학 왕국의 위험으로부터 영원한 면역력을 갖도록 하기 위한 것이었다. 그러나 잘 알려져 있듯이, 비트겐슈타인의 이 시도는 성공하지 못했다. 대신 그는 말년에 이르러, 철학이란 언어 그 자체에 너무도 깊숙하게 뿌리 박혀 있어서(그에게 이러한 사실은 언어 그 자체가 본질적으로 병들어 있다는 것을 뜻한다) 말하는 자라면 누구나 철학화를 피할 수 없다는 사실, 즉 역설의 형식 속에서 언어의 전체를 가리킬 수밖에 없다는 사실을 인정해야만 했다. 이러한 가리킴reference을 제거하려는 시도는 결국 철학 왕국을 특정 형식—자기파괴적이기 때문에 철저하게 왜곡된 형식—으로 이끌 수밖에 없다.

오늘날 또 하나의 일반적인 오해가 존재한다. 이 오해에 따르면, 언어에 참여한다는 것은 언어적 상품들이 시장의 일반적 조건하에서 유통되고 있는 커뮤니케이션 네트워크에 접속한다는 것을 뜻한다. 이런 커뮤니케이션 네트워크들을 향한 접근권을 특정한 사회적, 인종적 혹은 여타 그룹들에게 부여하여 그들이 언어를 통해 자신들의 주장을 펼칠 수 있도록 허용해야 한다는 요구가 끊임없이 제기되곤 한다. 그러한 요구들은 의심할 바 없이 정당한 것이며 환영받아 마땅하다. 하지만 이 모든 요구들은 여전히 특정한 particular 입장 및 이해관계를 언어적으로 표현한 것에 다름 아니다. 이런 주장과 요구 들은, 결국 그와 대립되는 주장들과 타협에 늘어갈 수 있도록 규칙상 반드시 분명하고 명쾌

하며 일관되게 표현되기 마련이다. 그런 까닭에 그것들은 언어의 철학적인 차원을 드러내기보다는 소피스트적인 담론을 연장한 사례가 된다. 그와 같은 요구들은, 우선 첫째로, 실제의 상업적 커뮤니케이션 네트워크를 통해 유통되기 시작한다는 점에서 그 자체로 상품이 된다. 두번째로, 이 요구들의 불가피한 내적 모순이 가려지게 되는데, 문제가 되는 모순들이 결국 돈을 매개로 하여 절충되기 마련이기 때문이다. 정보와 소통 체제 안에서 작동하게 될 때 언어는 자신의 통일성을 상실한다. 언어는 논리 정연한 일관된 담론들이 되어 각자 고립된 채로 쪼개진다. 이 담론들은 시장에서 상품으로 기능하는바, 즉 자본의 총체성에 자신들의 모순을 투사하는 대가로 재정적 보상을 받음으로써 스스로의 일관성을 유지할 수 있게 되는 것이다. 따라서 다원적pluralistic 커뮤니케이션 네트워크들에 접속할 수 있도록 특정한 개인적 주장들을 언어적으로 정식화하는 것만으로는 언어적 통치의 입증과 설립을 위한 충분조건을 마련할 수 없다. 이 문제를 해결하려면 모든 가능한 개인적 주장 및 견해 들에 공통적이며 초개인적인 모종의 차원, 즉 그것들의 불가피하게 역설적이며 자기모순적인 논리적 구조를 드러내고 주제화해야만 한다.

언어는 오직 그것이 전체와 더불어, 총체성과 함께 시작할 때에만 경제에 맞서 승리할 수 있다. 소비에트 연방은 이런 의미에서 철학 왕국의 한 형태였다. 하지만 공산주의 국가를 플라톤의 국가로부터 구별짓는 것은 공산주의 국가에서는 철인이 되는 것이 지배 계급뿐만 아니라 모든 개인의 의무라는 점이다. 소비에트 시민은 국가에 의해 철학적 사상가로 인정받았을 때에만 그의 기본적인 욕구를 만족시킬 수 있었다. 이것이 뜻하는 바는 소비에트 시민의 경우 오늘, 그리고 내일을 버텨내기 위해서 매일같이 언어 전체의 온도를 감지할 수 있어야만 했다는 것이다. 이는 소비에트 내에서 정치적, 이데올로기적, 문화적인 관계들이 어떻게 전개되어가고 있는지에 대한 감수성뿐만이 아니라 이를 넘어서서 전 지구를 아우르는 감수성을 포함하는 것이다. 오늘 칠레 공산당에 무슨 일이 있었는지, 이 순간 미국 제국주의에 의해 어떤 새롭고 파괴적인 모험이 수행되고 있는지를 알지 못하는 사람은 새 집으로 이사하지 못하거나, 봉급이 인상되지 않거나, 해외여행을 가지 못하는 등의 문제를 감수해야만 했다. 그런 일들을 위해서는 지역의 당 조직으로부터 추천서를 받아야 하는데, 지역의 당 조직은 해당 시민이 진정한 소비에트 시민으로 판단되었을 경우에만 추천서를 발급해주었다. 여기서 진정한 소비에트 시민이란 충분히 철학적으로 사고할 수 있는 사람, 즉 자신의 부분적인 필요를 전체의 맥락 속에 가져다놓을 줄 아는 사람을 가리킨다.

그런데 전체 언어의 규모로 전 지구적으로 생각하고 느껴야만 한다는 이런 요구는 역설적인 것이었다. 그것은 해당 소비에트인의 사고가 소비에트적이면서 동시에 반소비에트적일 것을 전제했다. 질문을 받은 사람이 과연 어떤 대답이 반소비에트적인 것인지에 관해 이미 훤히 알고 있지 못하면, 해당 질문에 올바른 대답을 하기는 절대 불가능했는데, 왜냐하면 그렇지 못할 경우 반소비에트적인 대답을 피할 수 없기 때문이다. 모든 소비에트식 논쟁은 관여된 모든 사람이 이미 반소비에트적인 방식으로 사고하고 있거나 혹은 최소한 그들이 반소비에트적인 방식으로 사고하는 것이 어떤 의미인지를 정확히 알고 있다는 전제하에서 진행되었다. 반소비에트적인 프로파간다에 대한 당대의 공식 성명이 대개 다음과 같은 구절로 시작된다는 것은 따라서 우연이 아니다. "잘 알려져 있는 x나 y의 주장과는 반대로……" 이러한 주장들 자체는 전혀 공식적으로 공표된 적이 없었는데도 말이다. 공산당 지도부는 모두가 이미 이러한 주장들을 알고 있거나—변증법적 유물론의 전체 논리에 의거하

92

여—모두가 그것들을 곧바로 추론할 수 있을 것이라 가정했다. 그러므로 소비에트인에게 부여된 원칙적인 요구는 소비에트식 사고가 아니라 소비에트적이면서 동시에 반소비에트적인 사고, 곧 총체적인 사유였다. 브레즈네프 시기에 최초의 반체제 인사들이 소비에트 연방에 관한 '진실'을 공개적으로 선언하기 시작했을 때, 많은 변증법적 유물론의 사상가ideologist들이 당황했던 것은 이 때문이었다. 당시에는 다음과 같은 푸념이 흔했다. 반체제 인사들의 이런 말들은 이미 오래전부터 누구나 알고 있었다. 그들의 텍스트는 너무 나이브하게 구축되었고, 너무 일면적이고 너무 비변증법적이다. 나중이 되어서야 사람들은 반체제 인사들에게 현대적인 커뮤니케이션 네트워크의 거대한 시장을 열어준 것이 다름 아닌 그들의 텍스트들의 비변증법적 자질이라는 점을 알아차리게 되었다. 소비에트 연방에서 출현한 최초의 시장은 비변증법적이고 형식논리학적으로 타당하며 일관된 사상들의 시장, 즉 반체제와 이단 사상의 시장이었다. 하지만 총체성의 와인에 한번 취해본 사람들은 미디어 시장을 포함한 그와 같은 시장에 익숙해지기 쉽지 않다. 그들은 자신들의 이해관계가 어디에 놓여 있는지를 깨닫기에는 너무 취해 있었고, 사실 더 이상 아무런 이해관계도 갖고 있지 않았다.

그들은 어느 지점에선가 자신들의 이익을 망각했고 완전히 잃어버렸다. 그들의 이해관계는 아무도 모르는 어떤 장소에 남겨져버렸다.

어쨌든 이와 같은 사회의 총체적인 언어화total linguisti-fication는 사회적 대립의 근절을 약속하지 않는다. 반대로 그 것은 대립을 더욱 첨예화한다. 자본주의 경제의 조건하에서 는 역설이 이해관계의 대립으로 해석될 수 있기 때문에 돈을 매개로 한 절충안을 통해 적어도 잠정적으로는 그 역설이 해소될 수 있다. 하지만 언어를 매개로 한 사회에서는 역설이 돈으로 해결될 수 없고, 그렇기 때문에 그 영향력이 사라지지도 않는다. 만약 공산주의를 언어라는 매체로 사회를 번역하는 것으로 이해한다면, 그것이 약속하는 것은 목가라기보다는 오히려 자기모순 속에 놓인 삶, 최대치의 내적 분열과 긴장의 상황이다. 로고스의 광휘를 한번 목격하고 나서 인간 사회의 지옥으로 되돌아온 플라톤적 철인에게 더 이상 목가란 없다. 스탈린이 자신의 반대자들을 텍스트주의 자들과 탈무드학자들에 비유할 때, 그는 자신의 변증법적 유물론을 간접적으로 신약성서에 비유한다. 이런 방식을 통 해 그는 로고스를 향한 순교가 마침내 육신flesh을 얻을 것임을 약속한다. 이 경우의 육신이란 공산당과 소련 인민이라고 할 수 있다.

이런 관점에서 볼 때 레닌의 텍스트를 인용하고 있는
『단기 코스』의 다음 문단이 특히 시사적이다.

"세계, 즉 일자 속의 모든 것은 어떤 신이나 인간에 의해
창조된 것이 아니다. 그것은 체계적으로 타오르다가 체계
적으로 소멸하는 살아 있는 불꽃이었고, 그러한 불꽃이며,
그러한 불꽃일 것이다"라고 주장한 고대 철학자 헤라클레
이토스의 유물론적 견해를 언급하면서 레닌은 이렇게 말
한다. "변증법적 유물론의 기초에 관한 매우 훌륭한 설명
이다."[22]

변증법적 유물론은 영구히 타오르는 불꽃을 가로질러
가자는 초대이다. 그리고 잘 알려져 있는 것처럼, 그 자신이
불꽃인 자들만이 타오르는 불꽃을 가로질러 갈 수 있다. 그
리고 공산주의 대중들은 애초부터 이 점을 충분히 잘 이해
하고 있었다. 내전 시기 가장 유명했던 유행가에 다음과 같
은 소절이 있다. "소비에트 권력을 위해 우리는 용감하게 참

---

[22]   История Всесоюзной коммунической партии (большевиков), с. 106.

전하리라 / 그리고 마지막 한 명까지 전투에서 쓰러지리라."
이 약속은 지켜졌다. 모든 일이 바로 그렇게 일어났다. 대립
자들의 합선에 의해 점화된 불꽃은 퍼져 나갔다. 거의 모두
가 화상을 입었다. 많은 사람들이 불타 죽었다. 그런 후에야
영구히 타오르는 불꽃이 잦아들었다. 그 자신의 법칙에 따
라, 다음 차례가 올 때까지.

제3장 밖에서 본 공산주의

소비에트 바깥에서 소비에트 공산주의를 논리적 역설로 인해 점화되어 타오른 불꽃으로, 자기모순 안에서 소진된 삶으로 인식하는 경우는 거의 없다. 소비에트 공산주의의 반대자들뿐 아니라 동조자들에게도 이보다 훨씬 더 우세한 이미지는 형식적, 논리적 수단 및 이성적, 기술적 수단을 통해 조직된 전원시로서의 공산주의다. 동유럽 국가사회주의 체제들을 공산주의로 간주할 수 있는가라는 물음이 제기되었을 때 일반적으로 머리에 떠올랐던 것도 바로 이런 이미지였다. 서구 좌파의 압도적인 다수는 이들 체제에 의해 공산주의적 유토피아가 실현되기는커녕 오히려 배반당했다는 견해를 견지했다. 그들은 이런 견해를 뒷받침하는 근거로 소비에트적 삶의 총체적인 합리화와 관료화를 내세웠다. 여기서 합리화는 형식논리적으로 조직화된 도구적 이성, 냉담하고 비인간적인 이성에 의한 지배라는 의미로 이해된다. 간단히 말해 '현존하는' 사회주의는 인간을 자동기계, 곧 프로그램에 따라 기능하는 기계로 바꿔놓으려 했다는 이유로 비판받았다. 있는 그대로의(인간이 이성적으로 생각하는 동물일 뿐 아니라 욕망하는 동물이기도 하다는 의미에서) 진정한 인간이 배제되고 억압되었다는 것이다. 이런 평가와 관련해서는 서구의 좌파와 우파가 별반 다르지 않았다. 차이가 있다면, 이성과 감정의 갈등은 피할 수도 극복할 수도 없는 것이라 여겼던 우파가 모든 유토피아 속에 깃든 인간적 욕망의 자유가 공격받지 않을까 우려했던 반면에, 좌파는 이성과 욕망의 화해, 혹은 최소한 그들 간의 균형이라는 '진정한 유토피아'의 가능성을 믿었다는 점뿐이다.

　냉전 시기 서구에서는 소비에트 공산주의를 직접 체험할 기회가 차단되었기 때문에, 공산주의를 인간이 기계로 바꾸는 차가운 합리성의 제국으로 보는 이런 인식은 주로 위대한 문학 전통, 특히 유토피아 사회의 청사진 및 반유토피아 논쟁들과 관련된 전통에 의거해 형성되었다. 이 문학적 전통은 플라톤에서 시작해 토마스 모어, 캄파넬라, 생시

몽과 푸리에를 거쳐 자먀틴Evgeni Zamiatin, 헉슬리와 오웰로
이어졌다. 이 전통에서 유토피아 사회는, 긍정적이든 부정적
이든 철저하게 합리화되고 기능화된 경직된 사회로 묘사되
었다. 그에 따르면, 유토피아 사회의 모든 구성원은 명확하
게 규정된 기능을 가지며 그들의 일상생활은 엄격하게 관리
된다. 그 어떤 애매함도 허용하지 않을 정도로 치밀하게 고
려된 사회적 프로그램들은 사회 전체로서든 아니면 각각의
개인으로서든 구성원들이 그로부터 일탈할 가능성을 배제
한다. 그러나 이런 방식으로 일탈을 배제한다는 것이 실제
로 일탈이 금지되었다는 걸 뜻하는 것은 아니다. 오히려 유
토피아 사회에서는 일탈이 상상할 수 없는 일이라고 보는
게 더 정확할 텐데, 왜냐하면 그런 사회에서는 모든 구성원
들이 계몽되었고, 따라서 모두가 논리적으로 생각하며, 합리
적 결정에 따라 다른 식이 아닌 바로 이런 식으로 행동해야
만 할 필요성을 이해하고 있기 때문이다. 유토피아 사회에
존재하는 유일한 강제는 논리적 강제이다. 그렇기 때문에
사회적 프로그램으로부터 일탈할 아무런 합리적 이유가 없
다. 하지만 이런 유토피아 사회에 구현된 '로고스'는 모순으
로부터 자유로운, 과학의 일관되고 이성적인 '로고스'일 뿐
내적으로 모순된 역설적인 철학의 '로고스'가 아니다.

흔히 공산주의의 '전체주의' 사회는 철저하게 합리주의적으로 조직된 사회, 말하자면 언어중심주의에 의해 무제한적으로 지배되는 사회로 그려진다. 이는 특히 비판적 저술이나 반유토피아적 저술에서 잘 나타나는데, 거기서 이른바인간성은 이성적 질서에 저항하고, 사회적으로 미리 결정된프로그램으로부터 이탈할 수 있는 능력을 통해 자신을 드러낸다. 현대 인류학에서 인간은 예전처럼 동물과 신의 중간이 아니라, 동물과 기계 사이에 위치한다. 과거의 유토피아작가들은 인간을 동물들로부터 더 확실하게 구별짓기 위해인간 안의 기계적인 측면을 긍정하는 경향이 있었다. 인간성에 대한 가장 커다란 위협이 동물성에 있다고 본 것이다.반면에 보다 현대적인 반유토피아 작가들은 인간을 기계와더 선명하게 구별시켜줄 인간 안의 동물적인 것, 인간의 열정적이고 본능적인 측면을 긍정한다. 이는 그들이 인간에대한 더욱 심각한 위협이 동물성이 아니라 기계성에 있다고 보기 때문이다. 일단 이런 인류학을 받아들이게 되면, 기계화된 차가운 합리성의 권력에 맞선 저항은 오로지 비합리적인 원천으로부터만, 즉 체계적인 논증과는 거리가 먼, 애초부터 그것의 양가성과 모순 때문에 논리로부터 면책될 수있는 특권을 지니는 감정의 왕국으로부터만 도출될 수 있게

된다. 반유토피아 소설의 주인공들로 하여금 철저하게 이상
화된 유토피아 사회의 강압적 논리에 맞서 저항하도록 영감
을 주는 것은 대개 성적 욕망(사랑)이다. 유토피아적 사회
기획에 맞설 것을 목표로 삼는 이론적 저술 역시 반유토피
아 소설과 기본적으로 동일한 주장에 기초한다. 니체는 완
벽한 사회에서 안전하게 살아가려는 인간에게 고유한 죽음
충동을 내세웠다. 바타유는 주권의 원천으로서의 과잉, 에
로스, 그리고 축제에 관해서 썼는데, 이러한 것들은 공산주
의 사회가 사회적 생산 과정의 이성적 조직화라는 이름으로
고갈시켜버리고자 했지만 결국 그렇게 하지 못했던 것들이
다.

　　그러므로 유토피아적 기획에 반대하는 주장은 대개 모
순 없이 일관된 기계적 합리성의 지배에 맞서는 양가적 욕
망의 이름을 내건 주장의 형태를 띠게 된다. 그들은 인간이
이성의 담지자일 뿐만 아니라 모순적이고 비합리적인 감정
에 사로잡히기도 하는 존재라는 사실을 증명하려 한다. 결
국 유토피아적 기획의 실현을 통해 사회적 모순들을 제거하
려는 시도는 성공할 수 없다는 것이다. 왜냐하면 이 모순들
의 원인은 이성보다 더 깊은 곳, 동물적 본능과 유사한 인간
의 본성 자체에 놓여 있기 때문이다. 만일 논리라는 것을 보

편타당한 규칙들의 체계로 이해한다면, 그것은 인간 본성의 얼굴 앞에서 산산조각이 날 수밖에 없다. 왜냐하면 각각의 인간, 그 혹은 그녀의 내적 모순성은 단독적이며, 따라서 일반적 규칙의 개별 사례로 포섭될 수 없기 때문이다. 이는 결국 누구든 유토피아를 실현하려 노력하는 사람이라면 인간적 특성 그 자체와 싸워야만 한다는 결론으로 이어진다. 유토피아를 실현함으로써 인간적 특성이 파괴되거나 아니면 유토피아 자체가 인간적 특성에 의해 파괴되거나 둘 중 하나인 것이다. 결국 모든 종류의 합리주의적 유토피아주의는 인류에게 적대적임이 판명되는바, 그것이 인간 안의 동물을 죽이고 인간을 기계로 바꾸려 했다는 이유에서 그러하다. 바로 이런 관점에 의거해 소비에트 공산주의는 유난히 급진적인, 하지만 바로 그런 급진성으로 인해 특별히 더 순진하고 잔혹한 방식으로 드러나는 현대적 합리주의의 한 형식으로 여겨진다. 냉전기의 서구 영화들에서 동구권 공산주의자들이 흔히 감정도 없고 육신도 없는 비인간적인 기계, 이를테면 로봇이나 좀비로 그려진 것은 우연이 아니다.

　공산주의적 인간상에 대한 서구적 인식을 보여주는 최고의 메타포는 영화「신체 강탈자의 침입Invasion of the Body Snatchers」과 그것을 리메이크한 몇 편의 영화들[23]에서 찾아

볼 수 있다. 이 영화에서는 인간의 부분적인 탈육체화를 통
해 철저하게 합리화된 전체주의 사회가 구축된다. 인간의
외양, 즉 인간 형상의 표면은 유지된다. 그러나 이때의 표면
은 텅 빈 껍데기에 불과하다. 내부, 즉 인간의 육신 자체는
부재한다. 따라서 전체주의적 통제에 맞선 저항을 불러일으
키는 모든 모순적인 본능, 욕구, 감정 역시 결핍되어 있다.
신체를 갖지 못한sub-corporeal 육신 없는 인간들은 유토피아
적 이성 앞에서 완전히 속수무책인데, 왜냐하면 그들에게는
기계적 합리주의에 저항하는 데 필수적인 욕망도, 반항적인
동물적 생명력의 불가해한 힘도 결여되어 있기 때문이다.
유토피아—혹은 '매트릭스'라고 해도 좋을 텐데—의 거주
자들 또한 마찬가지로 신체를 갖지 못한 존재, 부분적으로
탈물질화된 가상의 인간들이다. 데리다가 동유럽 공산주의
가 몰락한 이후에 쓴『마르크스의 유령들』[24]에서 했던 이야
기는 이와 조금도 다르지 않다. 공산주의의 현세적 현현의
특징을 묘사하기 위해 데리다는『공산당 선언』에서 따온 유

23 (옮긴이) 1957년 돈 시겔 감독 작품 이후 필립 카우프만 감독(1977년),
아벨 페라라 감독(1992년) 등이 리메이크했다.

24 Jacques Derrida, *Spectres de Marx*, Paris: Galilée, 1993, p. 23 이하 참조.

령의 은유—세계사 전체에 출몰하는 유령으로서의 공산주의라는 은유—를 채택한다. 데리다는 이 공산주의의 유령을 셰익스피어가 그려낸 햄릿의 아버지의 유령과 비교한다. 이 유령을 목격한 사람들은 다만 그의 외부를, 표면을, 갑옷을 볼 뿐이지 그 아래에 숨겨진 것이 무엇인지는 알지 못한다. 정말로 그 아래에 무엇인가가 있기는 한 것인지, 그게 아니라 사실 이 유령은 내적으로 텅 비어 있는, 그러니까 기의도 없고 육신도 없고 욕망도 없는 순수 기표에 불과한 것인지조차 알려져 있지 않다. 분명 외부의 관찰자들에게 소비에트 공산주의는 공산주의적 유토피아의 구현이기라보다는 공산주의 유령의 지속적인 출몰로 여겨졌다. 아마도 소비에트 공산주의의 공식화되고 의례화된 틀에 박힌 행위 패턴이 이런 인상에 한몫했을 것이다. 심지어 『공산당 선언』이나 『햄릿』을 인용할 때조차 공산주의에 대한 데리다의 묘사는 영화 「신체 강탈자의 침입」을 제일 많이 연상시킨다. 이런 식의 설명에서는 공산주의의 유령은 단 한 번도 진정으로 실현된 적이 없는 채로 남아 있다. 즉 살과 피를 가져본 적이 없다. 유령처럼 출몰하는 것 이상은 할 수가 없는 것이다. 공산주의의 실재는 전혀 깊이를 갖지 않는다. 그것은 매개하는 표층에 불과하다.

동유럽 공산주의에 대한 서구의 이런 인식은 서구 지식
인들이 냉전으로 인해 공산주의와 직접 접촉할 수 없었다는
사실만으로는 온전히 해명되지 않는다. 같은 시기 동유럽
공산주의의 프로파간다 역시 이런 인식이 퍼지는 데 강력한
기여를 했다. 공산주의 지도자들은 근엄한 얼굴로 일말의
아이러니도 없이 기계적으로 선언문들을 읊어대거나 이해
할 수 없는 모종의 의식을 거행하는, 사전에 프로그램된 자
동기계를 자처했다. 공산당이 특히 프랑스에서 활발한 영향
력을 행사했다는 사실조차 이미지를 전혀 수정하지 못했다.
프랑스 공산주의자들 역시 스스로를 '강탈된 자snatched', 신
체를 빼앗긴 인물로 그려냈던 것이다. 그들의 언어도 마찬
가지로 경화되고 동어반복적이었던바, 그것은 '상투어langue
du bois'가 되었다. 그러나 소비에트 공산주의를 자동기계의
제국으로, 신체를 갖지 못한 가상의 유령-인간들의 제국으
로 인식하도록 만든 구체적인 역사적 원인들보다 더욱 중요
한 것은 다음과 같은 사실 자체이다. 서구에서 동서의 냉전
은 원칙상 신체와 기계들 간의 싸움, 이를테면 감정과 냉담
한 이성, 욕망과 논리, 사랑과 합리주의적 유토피아 간의 싸
움으로 양식화되었다. 미국중앙정보부CIA가 잭슨 폴락을 비
롯한 여타 추상 표현주의 예술가들의 전시를 지원했던 이유

도 여기에 있다. 이들의 회화는 합리주의 유토피아의 냉담한 논리에 대한 유사동물적 저항의 표명으로서 기능했던 것이다. 또한 냉전기의 가장 유명한 영화인 에른스트 루비치 Ernst Lubitsch의 「니노치카Ninotchka」에서도 같은 이유로 감각적인 서구식 향락이 러시아 정치위원의 차가운 금욕적 논리를 물리치고 승리를 거둔다. 다음의 오래된 농담이 냉전의 역사 전체를 잘 요약해준다. "빛은 동방에서, 향락은 서방에서."

　이러한 관찰이 중요한 이유는 이를 통해 오늘날 자본주의 사회 제도를 향한 좌파식 비판으로 자리 잡다시피 한 소위 언어중심주의 비판, 즉 냉담한 합리주의의 지배에 대한 비판의 계보학을 더 잘 이해할 수 있기 때문이다. 이 비판은 애초에는 '반反전체주의anti-totalitarian적'인 것, 그러니까 냉전 중에 서구의 적으로 지목된 소비에트를 향해 겨눠진 것이었다. 하지만 시간이 흐르면서 그것은 스스로를 냉담하고 합리주의적이며 계산적이고 비인간적인 것으로, 어떤 의미에서 '전체주의적'인 것으로 이해하게 된 서구 자신의 제도들을 겨냥하게 되었다. 그러니까 소비에트 공산주의 비판 담론이 서구의 자기비판용으로 재사용된 것이다. 이 과정에서 이 담론의 반소비에트적 계보학은 대체로 잊히거나, 더 정확히 말하자면 억압되었다. 그럼에도 이 계보학은 욕망에 관한 담론이 기능하도록 만드는 데 결정적인 중요성을 지녔는데, 왜냐하면 모든 사회가 적과의 싸움에서 이미 그 효력을 입증한 바 있는 이 비판 논리를 받아들일 준비가 되어 있었기 때문이다. 이런 측면에서 빅브라더의 형상이 발달해간 과정은 지극히 특징적이다. 빅브라더는 원래 작가 조지 오웰이 소비에트 정치 체제를 패러디하기 위해 고안한 것이다. 그러나 시간이 지나면서 이 형상은 모든 감시 국가를 묘사하기 위해 사용되기 시작했다. 그리고 감시의 기술적 가능성이 서구에서 가장 고도로 발달했기 때문에, 이 형상은 이제 서구 국가들의 보안광들을 묘사하는 데 제일 빈번하게 사용된다. 이런 종류의 비판은 매우 급진적인 것처럼 보이지만, 사실 그것의 진짜 이점은, 냉전이 종식된 지 이미 오래인 오늘날에조차도 냉전기에 그어진 경계선에 의문을 제기할 필요가 없다는 데에 있다. 오늘날 서구에서 실행되고 있는 이런 형태의 비판적 담론은 깜짝 놀랄 만큼 동질적이다. 그것은 언제나 동일한 주장에 의거하여 동일한 대상을 비판한다. 단지 차이점이라면 우파가 이 비판을 비서구권에 적용(예전엔 공산주의가 그 대상이었다면 지금은 신체와 섹슈얼리티를 억압하는 이데올로기로서 특히 이슬람이 그 대상이 된다)하는 반면, 좌익은 반대로 동일한 비판을 서구의 자기비판으로 활용한다는 사실뿐이다. 그리고 그 중간에서는 동일한 비판이 양방향 모두에 적용되는데, 즉 '~와 더불어 ~역시도'라는 식의 공평무사한 절제된 형태의 비평이 채택된다.

　그 내용물은 전혀 바뀌지 않은 채로 간간이 방향만 바뀌어온 이런 믿기 어렵고 역사적으로 견줄 데 없는 서구의 비판 담론의 동질성은 분명 냉전기에 서구 공론장에 가해진 이데올로기적 압력만으로는 설명이 되지 않는다. 오히려 이런 동일성은 서구의 비판 담론이 다름 아닌 상품으로서 미디어 시장 내에서 유통되어왔다는 사실과 깊게 관련된다. 말하자면 그것은 그 어떤 정치적 전략에라도 쉽게 가져다 쓸 수 있는 표준화된 소피스트적 발화 방식이라고 할 수 있다. 대체 억압되지 않은 신체라는 것이 어디에 있단 말인가? 트라우마를 겪지 않은 사람은? 모순적 욕망에 사로잡히지 않은 주체는? 기계로부터 위협받지 않는 인간은? 억압과 트라우마, 위협은 도처에서 항상 일어난다. 이런 식의 비판의 판매 수요는, 따라서 잠재적으로 무한하다. 게다가 욕망 담론은 내용의 측면에서도 시장에 매우 적합한데, 왜냐하면 그것은 여러 가지 종교, 이데올로기, 과학 따위가 성공

110

적으로 상업화되는 와중에 거쳐 가는 중간 정거장에 해당하기 때문이다. 이데올로기나 종교가 '정신spirit'에 대해 말하기를 그만두고 칙칙한 개념적 장치들을 욕망의 언어로 번역하는 순간, 그것들은 즉각 시장성을 획득한다. 어떤 의미에서는 변증법적 유물론 자체가 이미 그쪽 방향으로의 한 걸음에 해당된다. 여기서 결정적인 역할을 한 것은 알렉상드르 코제브인데, 그는 1933~39년 파리에서 행한 헤겔의『정신현상학』에 관한 유명한 세미나에서 헤겔의 절대정신의 역사를 욕망의 역사로, 더 정확하게는 타자의 욕망이 그 대상이 되는 모순적인 욕망의 역사로 변형시켰던 것이다. 라캉과 바타유에게서 특히 코제브의 영향이 쉽게 눈에 띄는데, 이들은 코제브의 가까운 제자들 그룹에 속해 있었고, 그중 바타유가 욕망의 이론적 경제화의 길로 가장 멀리까지 나아갔다. 코제브 자신은 잘 알려져 있듯이 이 문제에 대한 실용적 해법을 선호했고, 세미나를 중단시킨 전쟁 이후 전후 유럽의 경제정책을 입안하는 데 직접 관여했다.

　　표준적인 서구 비판 담론의 극단적인 동질성은 흔히 간과되는 경향이 있는데, 특히 비서구권 국가들에는 비판 담론이 존재하지 않는다고 한탄할 때 그러하다. 바로 그런 경우들에서 (반)공산주의의 오래된 유령들이 유령적 상태의 부활을 만끽하게 된다. 서구적 민주주의 모델을 도입하지 않은 국가의 시민들은 자유로운 의사 표시보다 맹종을 선호하며, 사회적 갈등을 공개적으로 다룰 용기가 없기 때문에 그 대신 권위를 요구한다고 간주해버리는 것이다. 혹은 달리 말해 민주주의의 부재가 사회적 동질성을 향한 요구와 간단히 동일시된다. 이 상황을 개선하고자 다원주의, 열린 사회, 혼종성 및 차이의 인정 따위가 처방되는데, 비록 전부는 아닐지라도 대부분의 경우 오진이다. 일반적인 용어를 동원해 말하자면, 이 세상에는 스스로를 근대사회 Gesellschaften가 아니라 전통적 공동체Geminschaften로 인식하는 전근대적 사회들이 실제로 존재한다. 이런 공동체들은 너무나 동질적인 나머지—혹은 스스로 그렇다고 이해하기 때문에—서구적 스타일의 복수적인 민주주의 제도가 필요 없다고 믿는다. 내적 분화의 과정이 충분히 진전되지 못했다는 혐의 또한 손쉽게 이들 사회에 부여되곤 한다.

하지만 이런 전통적인 '닫힌' 사회를 완전히 다른 유형의 사회들과 혼동해서는 안 된다. 후자의 사회들은 그 안에서 사회적 분할이 너무나 고도로 진행된 나머지 이른바 민주주의적 매개의 수단을 통해서는 그것을 더 이상 하나로 묶어둘 수 없게 된 경우를 가리킨다. 이들 사회들은 내적으

로 너무나 분열되고 모순적인 나머지 서구 민주주의 사회에
서와는 달리 고전적인 형식논리학적 타당성의 담론의 틀 내
에서 합의consensus에 도달할 수가 없다. 이와 같은 극단적
인 모순들을 만족시킬 수 있는 것은 오직 그 자신의 사고와
행동들 자체가 내적으로 모순적인 통치 체제뿐이다. 사회는
통일성을 획득하지만, 이 통일성은 내적 모순과 역설을 특
징으로 한다. 즉 여기서 말하는 것은 차별화의 미비함이 아
니라 오히려 그것의 과도함이다. 이런 사회들을 포스트민주
주의라고 단순하게 지칭하길 주저하게 되는데, 왜냐하면 그
렇게 함으로써 합의 가능성, 서구적 노선을 따라 민주주의
로 이동할 가능성을 의식적으로 배제하게 되기 때문이다.
하지만 어찌됐든 간에 이와 같은 극단적인 혼종적 사회들은
분명 근대성의 또 다른 버전, 심지어 그것의 극단적인 변종
에 해당한다고까지 말할 수 있다. 이 버전이 갖는 의미는 국
가적 관점이 아니라 전 지구적인 관점을 취할 때 특히 더 커
진다. 소위 전 지구적인 모순들은 인류가 그 자신과 전 지구
적인 동의를 이룬다고 해서 결코 해결되거나 조정될 수 있
는 성질의 것들이 아니기 때문이다. 또 하나 잊지 말아야 할
것은 플라톤식 국가라는 것이 이미 포스트민주주의의 기획
으로서, 그러니까 민주주의가 제거할 능력이 없는 모든 모

순과 충돌을 관리할 수 있는 능력을 갖춘 철학의 왕국을 위
한 기획으로서 출현했다는 사실이다.

　　물론 오늘날의 정치학은 플라톤이 『공화국』에서 말한
것과 같은 의미—즉 폴리스의 통치라는 의미로 이해되기보
다는 혼종적이고 논쟁적인agonistic, 열린 사회적 공간 속에서
펼쳐지는 행위—로 받아들여진다. 그에 따라 그와 같은 열
린 정치적 장을 통치에 의해 닫아버리는 일은, 제아무리 그
것이 변증법적으로 사유하고 행동하는 통치라고 할지라도,
정치 자체의 말살에 버금가는 것으로 간주된다. 그 결과 최
근 수십 년간의 정치이론은 다양한 정치적 담론과 실천 들
의 환원될 수 없는 혼종성을 주제화하려는 경향이 강한데,
이러한 경향은 그 다양한 담론과 실천 들 사이의 그 어떤 합
의라도 가짜 합의로 간주되어야만 한다는 지경에까지 이른
다. 이런 정치이론은, 정치적 은어로 흔히 쓰이는 '반대하기
위한 동의agreement to disagree', 즉 서로 다른 입장들 간의 합
의 불가능성에 대한 합의조차도 받아들일 준비가 되어 있지
않다. 이러한 이유로 개방성의 철저한 지지자들이 정치적
장을 무자비한 대립의 용어를 통해 기술하기를 꺼리는 것이
다. 그들은 대립하는 정당들 사이에서 이루어질 수 있는 어
떤 진정한 합의의 가능성을 의문에 부칠 뿐만 아니라 정당

들 각자의 내적 합의의 가능성도 의문시한다. 정치적 공간
의 혼종성은 결국 그 장을 구성하는 정치적 힘들이 그들 자
신과 불일치하는 조건을 통해서만 보장될 수 있다. 우리는
개인의 정치적 실천이 그렇듯이 개별 정치 담론 역시 그 자
신과 모순되며, 스스로의 정체성을 보장할 수 없고, 결국 스
스로를 해체하면서 역설과 양가성 속에서 길을 잃게 된다는
사실을 받아들여야만 한다. 오직 이렇게 될 때에만 정치적
장은 급진적으로 혼종적인 것이 되고 원칙적으로 닫아버릴
수 없는 것이 된다. 이것은 흡사 열린 결말로 이루어진 할리
우드 영화와 비슷하다. 밤에 악당이 사라지고, 떠오르는 아
침 해를 향해 영웅이 나아간다. 배트맨 포에버. 민주주의를
넘어 민주주의가 온다. 정의 다음에 정의가 이어진다. 관객
은 다음 영화를 기다리면 된다.

　　이처럼 무한한 정치적 개방성과 혼종성의 관점에 입각
해 바라본다면, 확실히 소비에트 공산주의는 별로 좋아 보
이지 않는다. 오히려 그것은 공산주의 운동의 진정한 과업
에 대한 배반에 가까운데, 왜냐하면 그들은 자신들이 완전
하고 최종적인 정치적 승리를 거두었으며, 따라서 스스로
의 정치이론에 따라 사회를 총체적으로 관리하겠다고 주장
했기 때문이다. 여기서 진정한 공산주의의 과업이란 억압받

는 사람들, 빼앗기고 착취당하는 자들을 위한 투쟁을 더욱
더 강력하게 추진하는 일, 그래서 고유한 양가성과 불확실
성, 모순성 들로 이루어진 열린 공간 속으로 더 깊이 돌진해
들어가는 일을 뜻한다. 그런데 앞서 지적했듯이, 소비에트
공산주의는 그것이 다른 모든 담론들과 공유하는 그 자체
의 모순성을 전혀 부인하지 않는다. 다른 담론들에 대한 변
증법적 유물론의 우월함은 그것이 모든 담론들에 공통적인
것, 하지만 정작 다른 담론들은 간과하고 있는 모종의 공통
성을 붙잡을 수 있는 능력을 갖고 있다는 점에 있다. 그런데
여기서 변증법적 유물론은 개별 담론들의 이 공통성을 그것
들 사이에 잠재적인 합의가 이루어질 수 있는 어떤 곳에서
찾으려고 하지 않는바, 계급투쟁의 불가피성이 이미 그런
식의 합의 가능성을 배제하고 있다. 공통성에 대한 진단은
모든 담론들이 서로 간에 모순될 뿐만 아니라 각자 그 자신
과도 모순된다는 차원에서 내려져야 한다. 변증법적 유물론
은 자기 자신을 포함한 모든 사물과 담론의 내적 모순성에
관한 이론이다. 그렇기 때문에 모든 담론의 모순적이고 역
설적인 성격은 변증법적 유물론으로 하여금 모든 담론들의
장을 동질화시키지 않은 채로 그것을 관리할 수 있는 가능
성을 제시한다. 변증법적 유물론은 이런 방식으로 주체에게

이 양가적이고 역설적이며 혼종적인 장을 전유하고, 그 과정에서 편향성에 빠지지 않은 채로 그것을 관리할 수 있는 기회를 제공한다. 그리고 이를 위해서는 당연히 역설을 구성하는 이 모순들이 제거되거나 극복될 수 없을 뿐만 아니라 해체될 수도 없어야만 한다. 실제로 모든 대립들이 무한한 해체 작업을 통해 해소되어버린다면 더 이상의 모순이나 역설은 생겨날 수 없게 된다. 어째서 그와 같은 무한한 해체 작업이 사실상de facto 이루어질 수 없는지는 쉽게 설명 가능하다. 우리는 영원히 혼종적인 정치적 공간을 상상할 수는 있지만 그것은 오로지 상상 속에서 가상으로만 존재할 수 있을 뿐이다. 현실 속에서 그 공간은 언제나 유한하다. 그리고 그것이 유한한 이유는 단 하나, 자본이 유한하기 때문이다.

　근대 자본주의 사회를 규정하는 결정적인 특징은 존재하는 사물을 현재의 모습과 다르게 만들 만한 충분한 돈이 없기 때문에 사물이 현재 모습으로 존재하게 된다는 점에 있다. 가령 실제로 오늘날 지인의 집이나 학교, 교회, 술집에 가서 그곳이 왜 다른 모습이 아니고 지금과 같은 그런 모습을 하고 있냐고 묻는다면, 틀림없이 다음과 같은 대답을 듣게 될 것이다. 오래전부터 진보된 기술과 세련된 디자인을 적용해 완전히 다르게, 그러니까 훨씬 더 모던하고 효율적으로 만들 계획이 있었지만, 안타깝게도 그에 쓸 만한 충분한 돈이 아직 없을 따름입니다. 바로 이것이 현재 그곳이 그런 모습인 이유이다. 충분한 돈이 생겨서 모든 걸 완전히 새롭게 만들어주기 전까지는 말이다. 사물들이 유한한 이유, 사물들이 애초에 존재하는 이유, 사물에 형태가 있는 이유, 사물들이 구체적 대상으로 관찰자의 시선에 포착되는 이유는 재원이 부족해서이다. 만일 재정이 무한하다면 그것들은 끊임없이 바뀌고 더 나아지고 '업데이트'되고 현대화될 것이며, 그렇게 함으로써 탈신체화de-corporealized될 것이다. 무한한 재정은 세계 전체를 들뢰즈가 말한 기관 없는 신체로 바꿔놓을 것이다. 그 안에서 모든 것은 이제 완전히 유동적이고 탈물질화된 상태가 된다. 자본주의 사회에서 돈은 하이데거 철학에서 시간이 행하는 것과 똑같은 역할을 한다. 하이데거에 따르면, 존재하는 모든 것은 다른 것이 될 시간이 없기 때문에 그 모습으로 존재한다. 하지만 오래전부터 알려져 있다시피, 시간은 사실 돈이다. 자본주의 체제 안에서, 사물을 형성시키는 자본의 힘은 그것의 부재, 곧 재정 부족을 통해서 스스로를 명백하게 드러낸다.

무한한 논쟁 속에서 충돌하면서 차이가 더욱더 차별화

되고, 혼종성이 더욱더 혼종적인 것이 되려면 역시 돈이 필요하다. 이런저런 재단으로부터 재정 지원을 받는 컨퍼런스, 심포지엄, 프로젝트와 출판물 들이 필요해지는 것이다. 혼종성의 정도, 차이의 양, 그리고 문화적·성적 정체성의 다채로움은 재정 지원의 규모에 달려 있다. 이는 정확히 아원자입자의 경우와 마찬가지이다. 한편으로 아원자입자는 모든 물질이 그것으로 이루어져 있다는 점에서 가장 일차적이지만, 재정과 관련해서는 이차적이 될 수밖에 없다. 왜냐하면 물질을 쪼개 아원자입자를 방출하는 입자가속기의 속도가 빠를수록 아원자입자의 양은 증가하는데, 이 입자가속기의 용량이 전적으로 재정 규모에 달려 있기 때문이다. 현대에는 창조성이 모든 것의 기원으로서 찬양받고 있지만 사실 만물의 실제 형태는 창조성이 아니라 그것의 제한, 그러니까 재정 부족으로 인한 그것의 중단과 종료에 달려 있다. 알다시피 세계는 신이 창조의 일곱째 날에 쉬기로 작정했기 때문에 비로소 완성된 모양을 갖게 되었다. 만일 신이 창조성을 무한히 발휘했다면, 우리는 오늘도 여전히 그 결과물을 기다리고 있었을 것이다.

또한 사회의 개방성이라는 것이 반드시 그 사회의 구성원들이 커뮤니케이션 네트워크에 얼마나 용이하게 접속

할 수 있는지에 따라 측정되어야 할 이유는 없다. 우리는 대
개 주변 사람들과 즐겨 소통하는 사람을 가리켜 열린 사람
이라고 부르곤 한다. 하지만 열려 있다는 것은 동시에 갈라
져 있다는 뜻이기도 하다. 즉 신체의 덮개를 연다는 점에서
상처 또한 열려 있다고 부를 수 있는 것이다. 이런 의미에서
홀로, 고립된 채, 소통하지 않는 누군가가 그와 동시에 내적
으로는 분열되고, 비동일적이며, 열려 있을 수 있다. 변증법
적 유물론의 주체는 그의 사유의 역설 및 혼종성에 힘입어
열려 있다. '홀로 고립된 한 나라'를 통치하는 공산주의적 주
체의 경우에도 '열림'에 관해 이야기할 수 있다. 내적 분열과
그것이 불러일으킨 내적 긴장 덕택에, 언제나 똑같은 의사
소통 행위가 지루하게 반복되면서 차이를 산출하고 혼종성
을 승인하는 저 무디고 비변증법적인 무한성의 경우에서보
다 훨씬 더 분명하게, 개방성이 유한한 개별 주체의 의식 속
에서 드러날 수 있다. 무한한 의사소통은 주체를 열어주기
보다는 오히려 그것을 자동화하고 되풀이하여 결국엔 하찮
게 만들어버린다. 그렇게 하는 대신에 열린 주체는 갈라진
채로 벌어진 언어의 장을 전유함으로써 스스로를 분열시키
고, 스스로를 역설적이고 혼종적인 것으로 만들면서 존재한
다. 바로 그와 같은 열린 주체야말로 혁명적 주체이기도 하

다.

반대로 혼종적인 정치적 장이 자본에 의해 축소되었다고 한탄하는 부르주아 좌파는 자본주의에 대한 비판자일 뿐 혁명적 주체는 아니다. 그들이 시장에 항의하는 이유는 시장이 유한하고 합리적인 계산을 통해 혼종적인 것을 동일화한다고, 즉 열린 것을 닫아버린다고 보기 때문이다. 이런 시장의 힘에 맞서 그들이 수호하길 원하는 것들의 목록은 다음과 같다. 끝없는 혼종성, 차이의 무한 작동, 계산될 수 없음, 경제화될 수 없는 급진적 타자성 등등. 이런 그들의 의도는 물론 의심할 바 없이 선하고 고귀하다. 하지만 정통 마르크스주의의 용어로 말하자면, 그것은 단지 '이상주의적'일 뿐이다. 정신과 물질 간의 '형이상학적'인 대립(이 대립은 마땅히 해체되어야만 한다)이라는 의미에서 '이상적'이라는 것이 아니라, 결코 물질화될 수 없고 실체화되거나 구현될 수 없는 무한성을 얻으려고 분투한다는 점에서 그러하다. 그런 식으로 무한함에 기대는 것은 반자본주의 비평 critique이 기껏 잘해봐야 비판으로 남게 되는 결과를 낳는다. 이 비판이란 것 자체도 실은 무한한 동어반복이 될 수밖에 없다. 게다가 최악의 경우에 그러한 비판은 결국 시장의 옹호로 뒤바뀌게 될 것이다.

봉건적 구체제ancien régime의 시기에, 현실의 위계를 넘어서 천국을 향해 무한히 펼쳐지는 성스러운 위계에 대한 언급은 분명 당대의 세속적 위계와 관련해 비판적 힘을 지닐 수 있었다. 바로 이 언급을 통해 세속적 권력이 상대화될 수 있었기 때문이다. 하지만 그와 동시에 이런 언급은 세속적 권력의 옹호가 될 수도 있었는데, 왜냐하면 세속적 위계는 아주 쉽게 무한한 성스러운 위계의 유한한 파편으로 해석될 수 있었고, 또 그렇게 됨으로써 무한히 정당화될 수 있었기 때문이다. 기표의 끝없는 유희나 차이의 무한 작동 같은 말을 사용할 때도 똑같은 일이 일어난다. 유한한 시장은 유한하기 때문에 비판받는다. 비판의 핵심은 시장이 승자와 패자를 양산하며, 개인에게 성공의 기회뿐만 아니라 실패의 기회도 제공한다는 것이다. 자본주의 시장의 조건하에서는 차이가 경쟁으로 변모된다. 그리고 그렇게 됨으로써 차이의 무한한 유희에 일정한 제한이 가해진다. 이른바 '신자유주의' 사상가들은 실제로 이런 제한을 환영한다. 열린 사회라는 개념을 처음으로 만들어내고 그것을 대중화시킨 사람은 칼 포퍼인데, 자신의 이론을 플라톤과 헤겔, 마르크스에 대립시켰던 그는 사실 과학 이론에 결정적 실패의 기회를 도입한 장본인이기도 하다. 포퍼에 따르면, 이론은 최종적으

122

로 참으로 입증될 수는 없지만, 특정 사실들이 그 과학적 이
론에 배치된다면 확실한 거짓으로 입증될 수는 있다. 이와
마찬가지로 담론은 담론 시장에서 결정적으로 실패할 수 있
으며 바로 이 결정적 실패의 가능성이 무한한 개방성 및 혼
종성의 옹호자들을 공포에 떨게 한다. 끝없는 차이가 작동
하는 무한성의 관점에서는 결정적 실패가 불가능하다. 마치
에덴동산에서처럼, 모든 차이들은 평화롭게 공존을 지속한
다. 해체가 궁극적 정의라는 데리다의 말은 정확히 이런 의
미에서 이해해야만 한다. 그것은 진정으로 메시아적이고 성
스러운 정의라고 할 수 있는데, 왜냐하면 차이의 무한 작동
을 통해 모든 세속적 실패를 보상해주기 때문이다. 한편, 이
여기서 세속적인 차별화는 위와 같은 차이의 무한 작동의
파편으로 받아들여지는데, 비록 비판에 처해지고 뒤이은 해
체의 대상이 되기는 하지만, 그럼에도 동시에 인정될 수 있
는 것이다. 환원될 수도 없고 동질화될 수도 없는, 무한한 혼
종성과 차이의 가상의 왕국이라는 것은 결국 실패자 없는
부르주아적 복수주의, 유토피아적 자본주의, 요컨대 낙원 상
태의 시장에 다름 아니다. 정통 마르크스주의의 언어로 말
하자면, 이와 같은 '가르침'은 명백히 신新신학적 민중의 아
편이라 부를 만하다. 물론 이 경우에는 자신들의 차이를 무

한히 보존하길 원하는 인텔리들을 위한 아편이라고 해야 하
겠다.

　　반면 혁명적 주체는 차별화를 통해 작동하는 대신에 명
령과 금지, 법령을 통해 작동한다. 혁명적 주체의 언어는 순
수하게 수행적performative이다. 이 언어의 신뢰성은 오로지
언어의 역설의 결과로서 주어진다. 여기서 혁명적 주체는
순수하게 수행적인 언어를 사용하는 예술가와 가장 닮아 있
다. 이런 예술가는 자기 예술에 이유를 부여하거나 설명하
지 않는다. 그는 직접적으로 행동할 뿐이다. 예술을 한다는
것은 사물들이 다른 방식이 아니라 바로 그 방식이어야 한
다고 결정을 내린다는 것을 뜻하며, 여기에는 그 어떤 '객관
적' 근거도 필요하지 않다. 물론 그렇다고 해서 예술에 '모
든 게 다 허용된다'는 이야기는 아니다. 예술적 실천은 그
것이 모순적일 때에만 예술적 실천으로 인정된다. 예술작품
이 예술처럼 보인다면 그것은 예술이 아니라 키치이다. 예
술이 예술 아닌 것처럼 보인다면 그건 그냥 예술이 아닌 것
이다. 예술로서 인정되려면 예술처럼 보이는 동시에 예술이
아닌 것처럼 보여야 한다. 이것은 실천을 통해서만 실현될
수 있는 요구이다. 이런 실천의 행위에 있어 무엇보다도 본
질적인 것은 어느 시점에선가 종결을 지을 결단을 내려야만

한다는 점, 즉 예술작품을 만들기를 중단해야 한다는 점이
다. 그러나 이는 절대로 재정이 부족해서가 아니다. 만일 계
속한다면 작품의 역설적 성격이 상실되어버리기 때문에 그
렇게 하는 것이다. 예술적 실천의 중단 가능성 없이는 그 어
떤 예술도 존재할 수 없다. 정확히 바로 이런 생각에 기대어
우리는, 어째서 공산주의 기획의 중단이 절대로 공산주의에
대한 배신이 될 수 없는지를 이해할 수 있게 될 것이다.

제4장 철학의 왕국:
        메타노이아의 관리

어째서 사회주의 국가의 공산당들은 공산주의 기획 작업을 중단하고—처음에는 소비에트가 그랬고 나중에는 중국 공산당이 그랬듯—그 대신 자신들의 국가 안에 자본주의를 건설하는 일에 착수했던 것일까? 이 질문은 유물론적 변증법의 맥락에서 검토될 때에만 비로소 바른 답변을 얻을 수 있다. 앞서 기술했듯이, 변증법은 A와 ~A의 통일에 관해 사유한다. A가 어떤 기획이라면, ~A는 이 기획의 맥락이다. 특정 기획을 일관되게 밀고 나간다는 것은 곧 일면적으로 행동한다는 뜻이 된다. 이 기획의 맥락, 즉 그것의 안티테제가 무시되기 때문이다. 게다가 기획의 맥락이란 사실 그기획의 운명이기도 한바, 이 맥락은 그 기획이 실현되는 조건들을 지시한다. 총체성을 추구하는 사람은 하나의 기획에서 그것의 맥락으로 넘어가지 않으면 안 된다. 소비에트 공산주의의 맥락이 자본주의였기 때문에, 공산주의의 다음 실현 단계는 공산주의에서 자본주의로 이행하는 것이었다. 이것은 절대로 해당 기획을 부정하는 것이 아니라 반대로 그것의 체계적이고 최종적인 구현에 해당한다. 그렇게 함으로써 공산주의는 진실로 공간뿐 아니라 시간에서도 자신의 역사적 장소를 얻게 되는바, 즉 완결된 역사적 형성물로 바뀌는 것이다. 그리고 이 형성물은 원만한 여건이 조성될 경우 얼마든지 재생산되어 반복될 수 있는 가능성을 갖고 있다.

스스로를 열린 사회라고 이해하는 사회의 근본적인 문제는 어떻게 그것의 기획들을 제한하고 마무리지을 것인가에 달려 있다. 그러한 사회에서는 완결되고 완성된 기획을 상상하는 것이 불가능하다. 열린 사회에서 경제 성장, 과학 연구, 그리고 사회 정의를 위한 투쟁은 차이나 욕망의 작업과 마찬가지로 오직 무한한 것으로서만 사고될 수 있다. 만일 이러한 기획들을 실현하는 데 모종의 한계가 전제된다면, 그 한계는 오로지 해당 기획이 삶 속에서 실현되기 위한 '객관적' 조건들에 따른 것이다. 이렇듯 열린 사회에서의 기획들은 외부로부터 그것들이 중단되는 한에서만 실현될 수 있다. 앞서 논의했듯이, 자금 부족은 이 기획들이 어떤 지점에선가 중단되도록, 그래서 마침내 형태를 얻어 실현될 수 있도록 만드는 주요한 원인이다. 기획들을 중단시키는 또 다른 원인으로 세대 교체가 있다. 하나의 기획을 주창했던 세대가 죽으면 새로운 세대는 그 기획에 관심을 잃게 되고 자연히 그것은 시대에 뒤떨어진 것이 된다. 기획들은 실현되지 못하고 다만 '늙어가게' 된다. 근대의 열린 사회는 거의 온전히 생물학적 요인들에 따른 리듬을 갖는다. 각 세대는 보통 10년 주기로 일선에서 물러나는데, 이 기간 동안 자신의 기획들을 형성하고 발전시킬 수 있다. 물론 이 작업이 후대에 이어져 계속될 수도 있다. 하지만 그럴 경우 사유되고 실행된 모든 것들이 시대에 뒤처진 것이 되거나 본래 의미와는 상관없는 것이 되기 마련이다. 이렇듯 열린 사회에서 경제와 생물학은 기획들을 제한하고 마무리짓고 육화시키는 역할을 수행한다. 이 둘이 없다면 그 기획들은 결코 형태, 즉 몸을 얻지 못할 것이다.

따라서 헤겔이 악무한bad infinity이라고 부른 가상의 기획적 무한성에 대한 제한은 열린 사회에서도 당연히 작동한다. 문제의 핵심은 정말로 종결이 일어나는지의 여부가 아니라―그런 일은 어디서든 일어난다―그것이 언제 어떻게

131

일어나는가이다. 열린 자본주의 사회에서 기획의 종결은 전
적으로 자본에 달려 있다. 반면, 철학은 언제나 이러한 종결,
제한, 방해 그리고 이행을 독자적으로 전유하여 내부로부터
조정할 것을 지향해왔다. 실제로 하나의 기획이 종결될 수
있는 이유는 우리가 대상 자체에 대한 탐구에서 그것의 맥
락을 구성하는 것으로 옮겨가면서 관점을 변경할 수 있기
때문이다. 철학 전통에서 그러한 관점의 변화는 '메타노이아
metanoia'라고 불린다. 메타노이아라는 용어는 개인의 사적이
고 주관적인 관점으로부터 보편적인 관점으로, 즉 메타적인
위치로 이행하는 것을 묘사하기 위해 사용될 수 있다. 또 기
독교 전통에서 메타노이아는 신앙을 얻게 되는 것을 뜻하기
도 하는데, 이러한 용법 역시 세상을 바라보고 이해하는 관
점의 변화를 뜻한다.[25] '자연적 태도'를 '현상학적 태도'로 변
경하는 이른바 현상학적 환원을 주장했던 후설 역시 메타노

---

25 (옮긴이) 우리말 성경에서 메타노이아는 "회개하라, 천국이 가까이 왔
느니라"(「마태복음」 4:17)에서 보듯이 대개 회개悔改 혹은 회심悔心으로
번역된다. 그러나 이 단어의 참뜻은 뉘우침의 의미와 더불어 근본적인
전향轉向, 즉 사고와 의식의 근본적인 변화에 놓여 있다. 가령 그것은
바울이 말하듯이 기존의 자아를 '십자가에 못 박아버리고' 완전히 새
로운 나로 거듭나는 것을 뜻한다.

이아를 요청한 것이다. "미디어는 메시지다"라는 맥루한의
유명한 테제도 사실 메타노이아에 대한 요구인데, 그의 메
타노이아는 메시지에서 미디어로 관심을 이동하려는 것이
다. 그러나 메타노이아가 꼭 한 방향으로만 수행되는 것은
아니다. 플라톤은 선한 것good에 관한 보편적 관점을 획득한
이후 그와 같은 선의 이념들이 어떻게 현세 국가에서 구현
될 수 있는가라는 문제를 제기했다. 후설은 현상학적 환원
을 실현시키기 위한 역사적 조건들이 무엇인지에 관한 물음
을 제기했다. 메타노이아가 대상에서 맥락으로 이행하는 것
이라면, 당연히 [위와 같은] 반대 방향의 메타노이아도 존재
한다. 맥락의 맥락에 대해 물음으로써 성찰의 새로운 차원
에 입각해 이전의 관점으로 되돌아가는 것이다.

　　오늘날에는 메타적 위치를 점하는 것이 불가능하며, 따
라서 메타노이아도 불가능하다고 이야기된다. 즉 우리는 각
자의 본래적 관점을 임의대로 변경할 수 없다는 것이다. 메
타노이아는 육체에 대한 영혼의 특권적 지위를 가정하는 형
이상학의 맥락에서나 가능하다고 이야기된다. 만일 유한
한 육체를 초월할 수 있는 불멸의 영혼이 없다면 메타적 위
치를 획득하는 것 역시 불가능해진다. 왜냐하면 육체는 언
제나 일정한 형식을 지니며 세계 속에서 일정한 자리를 차

지하고 있기 때문에, 그리고 바로 그것들이 인간에게 [일정한] 관점을 지정해주고 있기 때문에, 임의대로 우리가 그것을 바꿀 수는 없는 것이다. 일찍이 이런 주장을 극히 단호한 방식으로 형식화했던 사람은 바로 니체인데, 그 이후로 이런 주장은 거의 자명한 명제의 지위를 얻기에 이르렀다. 오늘날 이런저런 관점을 말하는 사람은 누구라도 그 즉시 그가 어디서 왔는지, 어떤 관점에서 말하고 있는 것인지를 질문받는다. 이때 발화자가 애초부터 자신을 위치시키고 있는 공간의 표준적 좌표로 사용하는 것은, 이를테면 인종, 계급, 젠더 같은 것들이다. 문화적 정체성이라는 개념 또한 유사한 역할을 수행한다. 이런 매개변수들이 '자연적으로 주어진' 결정인자가 아니라 사회적 구성물로 해석될 때조차도 그것들의 영향력은 불가피하고 극복할 수 없는 것처럼 보인다. 사회적 구성물들은 해체될 수는 있지만 마음대로 폐기, 변경, 교체될 수는 없다. 따라서 주체에게 가능한 선택지는 두 가지뿐이다. 그의 육체(또는 육체의 사회적 코드화)에 의해 주어진 문화적 정체성을 무한히 정련해나가거나 혹은 그 정체성을 무한히 해체해나가는 것이다. 그러나 헤겔의 용어로 말하자면, 두 가지 무한성 모두 악무한이다. 왜냐하면 그것들이 어떻게 끝날지를 알 수 없기 때문이다. 그저 기대

할 수 있는 것이라고는 자신의 관점에 대한 성찰을 계속하
는 데 필요한 돈이 다 떨어져서 언젠가는 그 일을 멈출 수밖
에 없을 거라는 사실이다. 아니면, 마침내 어느 날 죽음이 찾
아와서 '우리는 어디에서 왔는가'라는 저 질문들에서 우리
를 해방시켜줄 날을 기대할 수도 있을 것이다. 왜냐하면 죽
음의 순간에는 '[죽음이] 우리를 어디로 데려갈 것인가'라는
질문이 훨씬 더 중요해지기 때문이다.

　　그러나 육체와 영혼의 완벽한 동시적 합치synchronization
같은 것은 없다. 고전적 형이상학은 육체가 사라진 이후에
도 지속되는 영혼의 삶을 기대한다. 평범하고 세속적인 '자
연적' 관점으로부터 보편적이고 형이상학적인 관점으로 이
행하는 것으로 파악되는 메타노이아는 여기서 육체의 죽음
뒤에 오게 될 영원한 정신적 삶에 대한 기대 속에서 자신의
세속적 실존을 추상화하는 것을 뜻한다. 반면에 오늘날 메
타노이아의 기능은 영혼이 죽은 이후에도 시체의 형태로 지
속될, 영원한 육체의 삶에 대한 기대이다. 그러니까 비록 철
저한 유물론일지언정, 외부의 경제적, 생물학적 힘이 작용
하여 관점이 바뀌기 이전에 먼저 메타노이아를 통해 관점을
변경할 가능성을 배제하지 않는 것이다. 한마디로 메타노이
아는 영혼이 육체적 죽음 이후에도 지속된다는 이유로 인간

의 육체성이 불완전한 것으로 평가 절하되는 상황뿐만 아니라 그 반대의 상황, 즉 영혼의 삶이 육체의 삶보다 더 짧기 때문에 오히려 인간의 육체성이 더 우세한 것으로 여겨지는 상황(현대적 인간의 경우)에서도 여전히 가능하다. 영혼이 죽은 뒤 육체는 그것이 생전에 거하던 곳과는 다른 장소, 즉 묘지로 가게 된다. 푸코는 몹시 정당하게도 박물관, 병원, 감옥, 배 등과 더불어 감옥을 다른 장소들, 곧 헤테로토피아에 포함시킨 바 있다.[26] 인간은 그가 시체의 형태로 지속되는 육체의 삶을 상상할 수 있다면 메타노이아를 체험할 수 있으며, 그렇게 함으로써 헤테로토피아적인 관점에 도달할 수 있다.

　　이른바 해체déconstruction라는 것 역시 이런 '다른other' 메타노이아의 효과로 이해할 수 있다. 즉 그것을 살아생전

26　(옮긴이) 헤테로토피아heterotopia는 푸코가 고안한 개념으로 "주어진 사회 공간에서 발견되지만 다른 공간들과는 그 기능이 상이하거나 심지어 정반대인 독특한 공간"(미셸 푸코, 『헤테로토피아』, 이상길 옮김, 문학과지성사, 2014, p. 87)을 가리킨다. 헤테로토피아는 그것의 본질적인 이질성으로 인해 호모토피아homotopia(동질적 공간)와 대립될 뿐만 아니라 실제로 현실에 존재하는 공간이라는 점에서 현실에 없는 공간을 뜻하는 유토피아utopia와도 대립된다.

에 이미 시작되는 사후 부식을 주제화한 것으로 보는 것이
다. 이는 들뢰즈의 '기관 없는 신체'와 관련해서도 마찬가지
인데, 그것을 상상하는 가장 쉬운 방법은 부식의 말기 단계
에 있는 시체를 떠올리는 것이다. 또한 이것은 영혼의 죽음
이후에 계속되는 육체의 삶을 상징화한 일련의 형상들, 가
령 뱀파이어나 좀비 등을 향한 대중문화의 관심과도 관련된
다. 우리의 목적을 위해 무엇보다 강조해야 할 것은 총체성
을 습득하는 데 필수적인 메타노이아가 죽음 이후의 삶을
불가능한 것으로 간주하는 유물론의 기본 테제와 전혀 모순
되지 않는다는 사실이다. 하지만 메타노이아는 단순한 기대
가 아니다. 그것은 악무한성을 제한하고 그것을 종결시키는
데 있어서 '자연적'이거나 '경제적'인 것의 박자보다 더 빠르
게 속력을 내려는 것이다. 모든 정치에 있어서 이와 같은 이
행의 가속화는 결정적인 중요성을 지닌다. 메타노이아를 통
한 관리는 시간을 앞질러 갈 수 있게 해준다. 그것은 일종의
시간적 금욕주의와 같은 것인데, 즉 그로 인해서 우리는 자
연이나 경제가 우리에게 허락하는 것보다 더 적은 시간을
얻게 되는 것이다.

　　원칙상 금욕주의란 우리가 스스로의 내적 충동에 의거
하여 사회가 제공하는 가능성들을 제한하는 것을 가리킨다.

그것은 스스로의 나약함 때문에 외적으로 주어진 제한들을 내면화하는 것 따위를 뜻하는 게 아니다. 비록 언젠가 니체가 금욕주의를 그런 식으로 묘사하기는 했지만, 그 과정에서 그는 가장 중요한 것을 간과했다. 금욕주의의 본질은 외부에서 강제되는 제한들을 수동적으로 받아들이는 데 있는 것이 아니라 자신의 내적 제한을 충분하고 필수적인 수준에 비해 훨씬 더 강화하는 데 있다. 오직 그와 같은 엄격한 자기제한을 통해서만 주권과 자치가 획득될 수 있다. 현대 예술의 역사는 흔히 금기들의 위반, 예술 안에서 가능한 것과 허용되는 것의 영역을 끊임없이 확장하는 것으로 특징지어지곤 한다. 하지만 사실은 모든 게 정반대다. 모더니즘은 끊임없이 새로운 금기를 도입하면서 새로운 축소reduction를 실현시키고 있다. 예술가들은, 별다른 뚜렷한 이유도 없이, 추상적인 기하학적 형상들만 사용해야 한다, 오직 레디메이드나 텍스트만 써야 한다는 등의 제한들을 스스로에게 부과한다. 현대 예술의 형식들은 출현한 그 순간부터 이미 이와 같은 자발적인 금기, 자기제한, 축소의 금욕적 행위들에 전적으로 결부되어 있다. 이러한 예는 이른바 새로움이라는 것이 확장이 아니라 축소, 그리고 새로운 종류의 금욕주의의 도입에서 비롯된 것임을 보여준다. 메타노이아는 일종의 포기로 이어진다. 즉 이전과 똑같이 계속하기를 그만두는 것, 지나간 길을 따르기를 그만두는 것, 악무한의 쳇바퀴 굴리기를 그만두는 것이다. 바디우는 혁명적 사건에 대한 충실성에 관해 이야기한 바 있다.[27] 그러나 혁명에 대한 충실성이란 사실 변절에 대한 충실성이다. 시간의 금욕주의는 충실하지 않을 의무, 이행을 야기할 의무, 변화의 의무, 즉 메타노이아의 의무를 수반한다. 이러한 메타노이아는 심지어 우리에게 그것을 자극할 아무런 외적 상황이 없을 때에도, 아니 실은 바로 그런 경우에 발생해야만 하는 것이다.

여러 생각들의 끊임없는 교체야말로 사유의 결정적인 특징이라는 헤겔의 중요한 통찰은 여기서도 유의미하다. 그가 자신의 이념이나 판단에 충실하라는 요구에 극히 회의적이었던 것은 그 때문이다. 실제로 누군가가 특정한 정치적 견해를 매우 일관되게 주장하면서 그와 반대되는 다른 견해를 결코 받아들이지 않는다면, 이는 결코 그가 스스로에게 충실하다는 것을 뜻하지 않는다. 왜냐하면 그는 분명 다른 것들에 관해서도, 가령 먹는 것, 자는 것 같은 일상의 다른 일들에 관해서도 이따금 생각하지 않을 수 없기 때문이다.

---

27   Alain Badiou, *Abrégé de métapolitique*, Paris: Editions du Seuil, 1998.

이처럼 그는 자신의 정치적 견해와는 다른 안티테제, 즉 그
속에서 자신의 견해가 표명되는 맥락에 대해서도 생각하고
있다. 그리고 이를 통해 그는, 그 자체로 정치적인 차원을 갖
는, 모종의 있는 그대로의 현 상황the status quo도 받아들이고
있는 것이다. 그리고 이 현 상황이라는 것이 그가 충실성을
견지하고자 애쓰고 있는 정치적 판단과 사실상 모순을 일으
키는 것은 얼마든지 가능한 일이다. 사유란 우리 '머릿속'에
있는 생각들이 끊임없이 교체되는 것에 다름 아니다. 사유
한다는 것은 누군가의 '머릿속'에 있는 생각들을 계속해서
바꾼다는 것을 뜻한다. 공연히 헤겔이 혁명의 단두대야말로
사유 과정의 진정한 반영이라고 말했던 것이 아니다. 단두
대는 잘려나간 머리통 안에서 하나의 생각이 다른 생각으로
교체되는 것만큼이나 빠른 속도로 머리를 잘라낼 수 있기
때문이다.[28] 헤겔은 생각들의 이 교체 과정을 특정한 논리,
정확하게는 변증법적 논리에 복속시키고자 시도했는데, 우
리로서는 이 논리가 결국 자의적인 것이라고 보았던 키에르
케고르에 동의하지 않을 수 없다. 어떤 기획이나 이데올로

---

[28]   G. W. F. Hegel, *Phänomenologie des Geistes*, Frankfurt am Main:
      Suhrkamp Verlag, 1970. s. 435 이하 참조.

기 혹은 종교가 '생명을 다했다'거나 '역사적으로 대체되었다'고 확언할 수 있게 해주는 단순하고 명확한 기준은 없다. 우리는 역설의 올가미에 붙잡혀 있는데, 그로부터의 해방을 그저 시간의 흐름에 맡겨놓고만 있을 수도 없다. 메타노이아는 근거가 없는, 순수하게 수행적인 혁명적 행위인 것이다.

헤겔에게 있는 그대로의 세계는 변증법적 전도의 산물, 절대정신의 반복되는 메타노이아 그 자체였다. 하지만 어느 지점에선가는 이 절대정신의 항구적인 자기포기 자체가 절대적인 것이 되어야 할 것이며, 이는 부득이 그것에 휴식을, 변증법적 자기부정 과정의 중단을 강제하지 않을 수 없다. 헤겔의 관점에 따르면, 현실 그 자체는 영혼 외적인 것인바, 영혼의 역사가 자신의 뒤에 남겨놓은 것에 해당한다. 그리고 만일 현실 안에 더 이상 영혼이 없게 된다면, 변증법은 철거되고 관계들은 안정을 찾게 될 것이다. 이와는 반대로 변증법적 유물론에 따르면, 모순은 사물, 육체, 물질 자체 안에 자리한다. 심지어 영혼이 떠나버린 육체조차도 주변 환경과의 교환을 중단하지 않은 채로 다만 다른 형식 속에서 그 교환을 계속 진행한다. 여기서 양적인 것은 질적인 것으로 넘어가지만, 그럼에도 전체적인 변증법적 과정은 중단되지 않는다. 한때 영혼이 있던 자리에 지금은 시체가 나타난다. 하지만 그 둘의 차이는, 만일 변증법적으로 사유한다면, 보기만큼 그렇게 크지 않다.

소비에트 체제는 무엇보다도 메타노이아, 즉 하나의 사회적 상황에서 또 다른 상황으로의 끊임없는 전환, 종결, 시작, 그리고 자기모순들로 통치되는 체제였다. 한때, 그리고 지금도 여전히 영묘mausoleum에 전시되어 있는 레닌의 시신은 소비에트 공산당 지도자들에 의해 실행된 영구적 변화, 즉 유물론적 메타노이아의 불변의 이콘이다. 전환은 반유토피아적이다. 유토피아를 최종적으로 확정된 것, 절대적으로 이성적인 세계 구조로 이해한다면, 전환은 유토피아에 대한 배신으로 간주될 수 있다. 그러나 자연력이나 자본주의 경제의 힘에 의거한 맹목적 변화이기를 그만둔 전환은 은총의 차원을 얻게 된다. 그것은 언어의 옷을 입게 되면서 메타노이아가 된다. 그 결과 은총과 더불어 이야기를 나눌 가능성, 그것을 비판하고 그것에 호소할 가능성이 생겨난다. 레닌과 스탈린, 그리고 마오는 모두 혁명의 불꽃을 끊임없이 다시 지피고 그것을 관리하기 위해 자신들의 권력을 사용했다. 그들은 언제나 역사 자체보다 더 변증법적이기를, 시간을 앞질러 갈 것을 지향했다. 그들의 가장 큰 두려움은 늦어버리는 것, 변화가 일어나야 할 순간을 그냥 흘려보내는 것이었다. 이러한 전환과 새로운 시작에 대한 요구는 스탈린이 죽고 난 뒤 소비에트 연방 전체를 사로잡았다. 얼마 지나지 않아 대규모의 스탈린 격하운동이 시작되었다. 심지어 공공장소에서 스탈린의 이름을 언급하는 것이 금지되거나, 적어도 최소한으로 제한되었다. 스탈린의 저작들은 접근이 금지되었고 그의 행적들은 역사책에서 삭제되었다. 그러고 나자 소위 침체기stagnation라고 불리는 브레즈네프 시대가 도래했다. 이 시기는 기본적으로 '아름다운 시절(벨에포크belle epoch)'의 소비에트 버전이었다. 사람들은 지루해하기 시작했다. 그러자 당은 다분히 스탈린적인 슬로건을 내세워 점증하는 지루함에 대처했다. 개혁 및 가속화가 그것이다. 스탈린 시대에 그랬던 것처럼, 개혁, 변화 혹은 메타노이아는 가속화를 향한 길로 이해되었고 실행되었다. 또다시 역사를 앞지르고 시간을 추월하려는 욕망이 구체화되었던 것이다.

공산당 지도부의 주도하에 평화적인 방식으로 이루어진 공산주의의 자기폐지가 역사적으로 매우 특이한 사건임에도 불구하고, 이 사실은 전쟁에서의 패배(이 경우엔 냉전) 또는 공산주의에 예속된 인민들의 자유를 위한 투쟁의 결과로 정형화되어 사소한 것으로 치부되곤 한다. 그러나 이 두

가지 익숙한 설명 모두 진실에 부합하지 않는다. 냉전은 문자 그대로의 전쟁이 아니라 은유적 의미에서의 전쟁일 따름이었다. 따라서 냉전에서의 패배 또한 오직 은유적으로만 가능하다. 군사적으로 따져보자면, 소비에트 연방은 난공불락이었다. 소비에트 연방 내에서 자유를 외쳤던 인민들은 진즉에 이미 평정되었다. 러시아의 반체제운동도 1980년대 중반에 이르자 사실상 수명을 다했다. 폴란드의 자유노조인 '솔리다르노시치Solidarność'가 전개한 운동은 폴란드 보안당국이 재빨리 끝장내버렸다. 베이징의 정치적 불안도 결정적으로 진압되었고 질서는 복구되었다. 소비에트와 중국의 지도부로 하여금 자본주의로의 이행을 감행하도록 부추긴 것은 정확히 이와 같은 내부 반대 세력의 완전한 패배, 그리고 그 어떤 외부 개입도 막아낼 수 있을 정도의 완벽한 면역력이었다. 소비에트와 중국의 지도부가 스스로 절대적으로 안전하다고 느끼지 않았다면, 그들은 결코 거대한 규모의 개혁과 가속화를 감행하지 않았을 것이다.

소비에트 연방이 냉전에서 패배했다는 인상은 부분적으로 다음의 사실에 기인한다. 즉 위와 같은 개혁의 과정에서 소비에트 연방이 해체되었다는 것이다. 외부에서 바라보았을 때 소비에트 연방은 주로 '러시아 제국'으로 여겨졌고,

따라서 이 제국의 해체는 독립을 추구하는 다른 나라들과의
투쟁에서 러시아가 패배한 것으로 해석되었다. 그런데 이때
이상하게도 망각되곤 하는 한 가지 사실은 소비에트 연방을
해체한 것이 다름 아닌 러시아였다는 것이다. 옐친 집권기
에 러시아 정부는 우크라이나, 벨로루스와 맺은 협정에 따
라 소비에트 연방에서 탈퇴했다. 그 결과로 자연스럽게 다
른 소비에트 공화국들에게 곧장 독립이 부여된 것이다. 이
전환은 위로부터, 즉 소비에트 국가 지도부에 의해 이루어
진 것이었다. 그들은 자신들의 과업이 수동적으로 역사를
따르는 것이 아니라 적극적으로 그것을 형성해내는 것에 있
다는 확신 속에서 성장한 자들이었다. 마르크스주의자들은
언제나 자본주의가 경제적 가속화를 위한 최선의 메커니즘
이라고 믿었다. 마르크스는 언제나 이 점을 강조했고, 그 점
을 '유토피아적 공산주의'에 맞서는 주장으로 내세웠다. 자
본주의를 길들이고 도구화하여 사회주의적 질서와 공산당
의 통제 아래 둠으로써 공산주의의 승리를 위해 복무하도록
하자는 제안은 10월 혁명 때부터 이미 존재했다. 그 가능성
은 활발히 논의되었고 체계적이지는 못했을지언정 때때로
시험되기도 했다. 그러나 이 생각은 최종적으로 실행되지
못했는데, 그 이유는 공산당 지도부가 아직 스스로 안전하

다고 여기지 못했고 이 실험을 통해 권력을 잃을까 두려워
했기 때문이다. 1980년대와 1990년대, 공산당 지도부는 스
스로 충분히 강하다고 느꼈고, 마침내 결행했다. 이 실험의
실패 여부를 판단하기엔 아직은 너무 이르다. 중국에서 공
산당은 여전히 확고한 권력을 쥐고 있다. 러시아에서도 중
앙 통제는 약화되기는커녕 계속 강화되고 있다. 이 모델은
앞으로도 계속 시험될 것이며, 언젠가는 성공으로 완결될지
도 모른다.

　　이런 맥락에서 지적해야 할 것은 소비에트 연방의 해체
라는 사건이 실제로 일어나기 한참 전에 이미 그를 위한 조
건과 법적 절차들을 기획했던 사람이 다름 아닌 스탈린이라
는 사실이다. 1936년에 제정된 소위 '스탈린 헌법' 제17조
는 다음과 같다. "모든 연방의 공화국은 소비에트 연방으로
부터 자유롭게 분리 독립할 수 있는 권리를 갖는다." 1977년
최종적인 소비에트 헌법의 제72조에 이 법문은 그 어떤 수
정도 거치지 않은 채로 그대로 수용되었다. 이 72조가 얼마
나 중요한 의미를 갖는가는 미합중국 역사 전체에서 단 한
차례 발생했던 내전이 바로 이 문제, 개별 주state가 연방을
탈퇴할 권리를 갖는가라는 문제를 둘러싸고 일어났다는 사
실을 떠올린다면 명백해진다. 소비에트의 각 공화국들은 그

어떤 제약이나 조건 없이 연방을 탈퇴할 수 있는 권리를 헌법으로 보장받았다. 이렇듯 소비에트 연방은 스탈린에 의해 처음부터 단일한 국가가 아니라 독립적인 국가들의 느슨한 연방으로서 기획되었다. 이미 당시에 몇몇 국제법 전문가들은 이 헌법 조항에서 소비에트 연방 해체의 잠재적 위험성을 보았고, 반대 의견을 냈다. 하지만 문제의 그 조항을 수정하지 않은 채 그대로 유지하려는 스탈린의 결정은 확고했다. 이 결정의 원인은 다음의 사실에서 찾을 수밖에 없다. 스탈린은 소비에트 연방을 변증법적으로 규정하고자 했던바, 즉 그것은 국가이면서 동시에 국가가 아닌 어떤 것으로 정의되었던 것이다.

스탈린 헌법은 그러한 규정을 훨씬 이전의 연방 관련 문서들로부터 물려받았을 것이다. 하지만 그것을 유지 보존하려는 결정에 관해서는 오직 다음과 같은 해석이 가능할 뿐이다. 이 결정은 스탈린의 '일국사회주의론'에 가해진 비판—대표적으로 트로츠키 측으로부터의—에 대한 응답에 다름 아니다.[29] 사회주의의 건설을 목표로 내건 이 나라는

---

29 (옮긴이) 일국사회주의론은 1924년 스탈린이 권력 장악과 함께 내놓은 이론으로 10월 혁명의 역사적 임무가 한 나라(즉 러시아)에서 사회

민족들의 연합, 국가들의 결합체로 나타났다. 다시 말해 그
것은 자본주의 국가들의 연방에 맞서는 사회주의 국가들의
연방이지, 결코 단일하고 고립된 개별 국가가 아니다. 그리
고 그와 같은 개념은 소비에트 연방의 일상생활 속에서 체
계적으로 구현되었다. 각 공화국은 각자 자신들의 정부, 의
회, 행정부, 언어를 지녔다. 한 공화국에서 다른 공화국으로
관료나 당직자들의 공식적인 방문이 이루어졌고, 작가들의
만남, 각종 문화행사와 전문가들의 교류 등이 이루어졌다.
한 나라의 국내적인 일상이 마치 국제 무대에서와 같은 형
식을 취했다. 여기서 특별한 의미를 갖는 것이 바로 모든 소
비에트 시민의 여권에 적힌 '내셔널리티nationality' 표기였다.
내셔널리티를 한 국가의 시민권으로만 파악하는 외국인들

주의를 온전히 건설하는 것이라는 주장이다. 반면, 연속(혹은 영구)혁
명론을 제창했던 트로츠키는 일국사회주의론을 비판하면서 러시아 혁
명은 자국의 사회주의 혁명을 철저히 완수하는 일과 더불어 세계 혁
명을 지도·지원하는 임무를 계속해야만 한다고 주장했다. 주지하다시
피, 혁명의 열기가 차츰 식어가고 권력의 관료화가 진행되던 상황에서,
트로츠키의 연속혁명론은 억압되었고 대신 스탈린의 일국사회주의론
이 공식화되었다. 그러니까 그로이스는 소비에트 연방을 '국가이면서
국가가 아닌 어떤 것'으로 정의한 스탈린 헌법이 오래전에 제기되었던
저 트로츠키의 비판에 대한 스탈린의 응답이라고 보고 있는 것이다.

에게 이 표기의 기능은 수수께끼와 같은 것이었다. 하지만
내셔널리티 표기는 소비에트 연방 시민들의 삶 속에서, 사
실상 삶의 모든 차원에 걸쳐 엄청나게 중요한 역할을 수행
했다. 여기서 내셔널리티는 특정 민족에 속해 있음, 즉 종족
적ethnic 출신을 가리켰다. 내셔널리티를 선택할 수 있는 경
우는 부모가 서로 다른 종족 출신일 경우뿐이었다. 그 외의
경우엔 자식이 부모의 내셔널리티를 그대로 물려받았다. 실
생활에서, 특히 일자리를 구할 때 소비에트 시민은 언제나
자신의 내셔널리티, 때로는 부모의 내셔널리티에 관한 질문
을 받았다.[30] 이렇듯 소비에트의 국제주의는 민족적 차이를
지우거나 극복하는 방식의 보편주의와 결코 동일하지 않다.
오히려 그 반대로 사회주의적이고 국제주의적인 국가들의
연합으로 규정된 소비에트 연방은 모든 개별 시민이 자신의
종족적 출신을 절대 잊어버리지 않도록 했다. 오직 변증법
적 이성을 구현하고 있는 공산당만이 어디에서 민족주의가

30 (옮긴이) 요컨대 여기서의 내셔널리티는 국적을 가리키지 않는다. 여
권에 표기되는 내셔널리티는 다인종·다민족 연방국가 소비에트 시민
(국민)들의 종족적 뿌리를 가리키는 것으로, 가령 소비에트에 살았던
고려인들은 소비에트의 시민권을 가짐과 동시에 여권의 내셔널리티난
에 '카레이스키'라고 표기했다.

끝이 나고 어디에서 국제주의가 시작되는지를, 혹은 그 반대의 경우를 결정할 수 있었던 것이다.

사유화의 과정, 그러니까 이번에는 거꾸로 공산주의에서 자본주의로 이행하는 과정 역시 마찬가지로 변증법적이었다. 소비에트 공산주의의 이론가들과 활동가들이 보기에 생산수단의 사적 소유를 완전히 철폐하는 것은 당면한 사회주의 건설 및 최종적인 공산주의 건설을 위한 결정적인 전제 조건이었다. 소비에트 공산당이 사회를 바꿀 수 있는 완전히 새로운 전대미문의 권력을 획득하고자 할 때, 그것을 위해 필수적인 총체적인 사회적 가소성을 보장해줄 수 있는 것은 모든 사적 소유의 전면적인 국유화뿐이었다. 사적 소유의 철폐는 과거와의 단절, 실로 모든 역사와의 단절을 의미했다. 왜냐하면 역사란 사실상 사적 소유 관계의 역사에 다름 아닌 것으로 이해되었기 때문이다. 그러나 무엇보다도 사적 소유의 철폐 덕분에 이제 인위art는 자연nature에 비해 우선권을 갖게 되었다. 인위적인 것은 자연적인 것, 곧 자연 그 자체 및 [자연 그대로의] 인간적 본성에 비해 우위를 점하게 되었다. 만일 사적 소유의 권리를 포함하는 모든 '자연적' 권리가 폐기되고, 선조와의 '자연적' 혈연, 그로부터 물려받은 유산, '태어날 때부터' 주어진 문화적 전통 역시 폐기

된다면, 인간은 진실로 영점에서부터 새롭게 기획되고 창조
될 수 있다. 더 이상 아무것도 소유하지 않는 인간이야말로
모든 사회적 실험에 가장 이상적으로 부합한다. 따라서 사
적 소유의 철폐는 자연적인 것에서 인위적인 것으로, 필요
의 왕국에서 (정치적으로 기획된) 자유의 왕국으로, 전통적
인 국가에서 총체적인 예술작품artwork으로 이행함을 의미한
다.

그렇기 때문에 최소한 외견상으로도 사적 소유의 재도
입은 공산주의 실험의 완결을 위한 필수불가결한 전제 조
건을 이룬다. 마찬가지로 공산주의 체제의 국가가 소멸한다
는 것은 단순한 정치적 사건보다 더 큰 어떤 것을 가리킨다.
우리는 이미 사적 소유의 권리는 본질적으로 변화되지 않
은 채로 단지 정치 체제, 통치 시스템과 방식들만 교체되었
던 역사적 사례들을 잘 알고 있다. 그런 경우들에서는, 정치
적 삶의 영역에서 극단적인 변형이 일어났음에도 불구하고
사회적, 경제적 삶은 여전히 사적 소유의 법칙에 따라 예전
그대로 구성되곤 한다. 하지만 소비에트 연방의 붕괴 이후
에는 그 어떤 사회적 계약도 더 이상 효력을 발휘하지 못했
다. 방대한 영토가 아무렇게나 버려진 무법의 황야가 되었
고, 마치 미국의 서부개척 시대에서처럼 새롭게 구조화되어

야만 했다. 다시 말해 그 황야는 다시 구획되어 사적 전유를
위해 재분배되어야 했는데, 그것은 또다시 중심부, 그러니까
국가 지도부가 명령한 규칙들에 의거해 이루어져야 했던 것
이다. 이것은 결코 이전 상태로의 완전한 복귀, 즉 모든 사적
소유물이 국유화되고, 유산이 폐지되고, 개인적 부의 원천과
절연되기 이전의 본래 상태로 온전히 되돌아가는 것으로 말
해질 수 없다.

　　요컨대 사유화는 이전의 국가화 못지않게 인위적인 정
치적 구성물임이 판명된다. 똑같은 국가가, 언젠가 공산주의
의 건설을 위해 소유의 사회화를 추진했던 그 국가가 이제
는 자본주의의 건설을 위해 그것의 사유화를 조직했다. 두
경우 모두에서 사적 소유는 같은 정도로 국가이성raison d'état
에 의해 통제되고 있으며, 결과적으로 인위적인 가공품, 국
가 예술에 의해 고안된 전략의 산물에 해당한다. 이렇듯 사
적 소유의 (재)도입으로서의 사유화는 결코 자연적 상태로
의 복귀, 즉 자연적 유산 및 자연법 상태로의 회귀가 될 수
없다. 포스트공산주의 국가는, 그것의 공산주의적 선례가 그
러했듯이, 단지 권력에 의해 통치된 것이 아니라 권력에 의
해 형성된 것이다. 포스트공산주의의 상황은 자본주의의 인
위성을 무엇보다 잘 드러내는데, 그것의 발생이 경제발전의

'자연적' 과정의 결과로 받아들여지기를 멈추고 사회의 재
조직을 위한 순수하게 정치적인 기획의 성격을 띠게 된다는
점에서 그러하다.

　　동유럽 국가들, 특히 러시아에서 뚜렷이 볼 수 있듯이
자본주의의 형성은 경제적이거나 정치적인 불가피성의 결
과도 아니고, 피할 수 없는 '유기적인' 역사적 이행의 결과
도 아니다. 그 바탕에 깔린 것은 정치적 결정, 사회를 공산주
의 건설에서 자본주의 건설로 전환시키고 이 목표를 위해—
고전적 마르크스주의의 도식을 완벽히 따르면서—이 건설
을 지휘할 사적 소유자들의 계급을 인위적으로 만들어내려
는 결단이다. 사유화의 과정에서 사적인 것은 정부에 대한
치명적인 의존성을 드러냈다. 이를 죽은 몸, 곧 사회주의 사
회의 시체를 폭력적으로 해체하고 사적으로 전유하는 과정
이라 말할 수도 있는데, 그것이 떠올리게 하는 것은 민족이
나 부족의 구성원들이 죽은 토템 동물을 나눠 먹었던 과거
의 신성한 축제이다. 한편으로 그러한 축제는 토템 동물의
사유화를 뜻하는데, 왜냐하면 각 축제의 참가자는 그 동물
의 일부를 사적으로 가질 수 있었기 때문이다. 그러나 다른
한편으로 바로 이 과정을 통해 부족의 초개인적인 집단적
단일성이 확증되고 공고화된다. 여기서 죽은 몸의 유물론적

변증법은 예의 저 변함없는 효력을 증명한다.

　스탈린식 사회주의의 구성적인 특징은 그것의 반유토
피아주의에 있다. 소비에트 연방에서 이미 유토피아가 본질
적으로 실현되었다고 선언된 것이다. 즉 사회주의 진영이
차지하고 있는 실제 공간이 유토피아가 실현된 장소로서 공
표된 것이다. 이 주장이 사실에 어긋난다는 것, 그들의 공식
적인 목가는 국가에 의해 조작된 것에 불과하며 투쟁—그
것이 개인의 생존을 위한 것이든, 탄압과 조작에 저항하기
위한 것이든, 아니면 영구혁명을 위한 것이든—이 여전히
계속되었다는 사실은—이미 그 당시에도—특별한 노력이
나 성찰 없이도 쉽게 짐작할 수 있는 것이었다. 하지만 그럼
에도 불구하고 "이미 이루어졌도다!"라는 스탈린주의의 유
명한 주장은, "아트만은 브라만이다"라든가 "삼사라는 니르
바나다"와 같은 유명한 교의들이 그런 것처럼, 당시 체제의
실제적인 불의나 결점을 지적하는 것만으로는 손쉽게 반박
되지 않는다. 왜냐하면 여기서 말해지고 있는 것은 반유토
피아와 유토피아, 지옥과 천국, 저주와 구원의 역설적인 통
일이기 때문이다. 이런 의미에서 재사유화의 역설적인 메타
노이아는 공산주의라는 사건에 최종적인 역사적 형태를 부
여했다. 이를 통해 실제로 공산주의는 유토피아이기를 멈추

었다. 그것의 지상적 구현이 실현된 것이다. 그런데 여기서
의 실현이란 또다시 반복될 수 있는 가능성을 동시에 개시
하는, 그런 완결인 것이다.

당연히 그와 같은 반복이 뜻하는 것은 역사적으로 유
일했으며 분명히 완결되어버린 현상인 소비에트 공산주의
로의 회귀가 아니다. 하지만 언어의 권력, 즉 철학의 왕국을
확립하려는 새로운 시도는 충분히 있을 법한 것이고, 나아
가 불가피한 것이기도 하다. 언어는 돈보다 더욱 보편적이
며 더욱 민주주의적인 성격을 띤다. 따라서 매개의 차원에
서 그것은 돈보다 더욱 효과적이다. 사고파는 것보다 우리
는 더 많이 말할 수 있다. 하지만 그 무엇보다 중요한 것은,
사회적이고 정치적인 관계들을 언어화하는 것이 모든 사람
들로 하여금 권력에, 운명에, 그리고 삶에 반박할 수 있는 가
능성—즉 그것을 비판하고 비난하고 저주할 수 있는 가능
성—을 부여해준다는 사실이다. 언어는 평등의 매개물이다.
권력의 언어화는, 그것을 원하든 원하지 않든 간에 모든 발
화자들의 평등이라는 조건에서만 작동할 것을 강요받는다.
물론 모든 발화자에게 형식논리의 법칙만을 따라 주장을 펼
칠 것이 요구된다면, 언어의 평등은 파괴되고 심지어 제거
될 것이다. 하지만 철학자의 임무는 형식논리적으로 올바

른 언어의 압제로부터 인간을 해방시키는 데 있다. 철학은
욕망의 한 유형인바, 그것은 지혜를 향한 불가분의 사랑이
다. 이 욕망은 총체적으로 언어적인 성격을 지니며, 따라서
공공연하게 자신의 역설적 성격을 드러낸다. 철학은 인간이
자기모순을 숨기지 않은 채로 그 모순 안에서 살아갈 수 있
는 기회를 제공하는 제도이다. 그렇기 때문에 이 제도를 사
회 전체로 확장하려는 욕망은 결단코 사라질 수 없다.

소비에트의 재발명:
돈이 아니라 언어가 세계를 지배했을 때

1.

이 책은 2006년 독일에서 출간된 보리스 그로이스의 저
서 *Das kommunistische Postskriptum*(2006)를 우리말로 옮
긴 것이다. 그로이스의 다른 책들처럼 이 책도 이미 여러 언
어로 번역되었다. 러시아어(2007), 프랑스어(2008), 네덜란
드어(2009), 루마니아어(2009)로 옮겨진 이후 2010년에 영
국의 버소Verso 출판사에서 영어 번역본이 출간되었다. 지
젝, 바디우, 보스틸스의 공산주의 관련 책을 내기도 했던 버
소 출판사는 그로이스의 최근 저서 세 편(『안티철학 입문』
(2012), 『새로움에 관하여』(2014), 『흐름 안에서』(2016))을
잇달아 펴냈다.

　그로이스는 중요성과 명성에 비해 그간 한국에 소개가

미비했다고 할 수 있다. 지난 1995년에 유명한 데뷔작『스탈린의 종합예술*Gesamtkunstwerk Stalin*』이『아방가르드와 현대성: 러시아의 분열된 문화』라는 엉뚱한 제목을 달고 번역 출간됐는데, 제목이 뒤바뀌는 이런 상황 자체가 스탈린 시기 사회주의 리얼리즘을 혁명적 아방가르드의 계승자로 간주하는 그로이스의 지적 도발이 한국의 지식 장에 먹혀들지 못했음을 반증한다. 지난 세기 초반의 러시아 예술과 정치에 관한 깊은 식견을 요하는 이 저작을 비전공자가 제대로 옮긴다는 건 애초부터 무리였겠지만, 당시 국내의 아방가르드 수용 무대 자체가 이런 비판적 성찰의 수준에 미치지 못했다는 게 더 정확한 진단일 것이다. 그간 그로이스의 논문이 실린 몇 권의 책(『유토피아의 환영』『큐레토리얼 담론 실천』『인문예술잡지 F』19호)이 나오기는 했지만, 단행본 전체가 옮겨진 건 이번이 처음으로, 보리스 그로이스라는 독창적인 사상가를 우리말로 만나는 온전한 첫 자리라 말해도 과장은 아니다.

현재 뉴욕 대학교 러시아 및 슬라브 연구 글로벌 석좌 교수로 재직하고 있는 그로이스의 이력은 학제와 국경을 넘나드는 다채로움을 특징으로 한다. 1947년 동독의 동베를린에서 태어난 그는 1965년에 구소련의 레닌그라드(현 상트

페테르부르크) 대학교에서 철학과 수학을 공부한 후 소련에
정착한다. 1976년부터 모스크바 대학교 산하 구조응용언어
학 연구소에서 근무하면서 당시 모스크바에서 활동하던 비
공식 예술가 그룹과 가깝게 교류한다. 이 경험을 바탕으로
1979년에 예술잡지 『아-야A-Я』에 「모스크바 낭만적 개념주
의」라는 글을 싣게 되는데, 지금은 미학사에서 완벽하게 정
착된 용어인 '모스크바 개념주의Moscow conceptualism'는 바로
이 글에서 그로이스가 처음 고안한 것이다. 1981년 서독으
로 이주하면서 이른바 '서방 생활'을 시작했고 그 와중에 미
국의 여러 대학에서 방문 연구를 한다. 1992년 뮌헨 대학교
에서 박사학위를 취득한 후 1994년부터 (페터 슬로터다이크
와 한병철이 근무했던) 카를스루에 조형예술대학에서 미디
어철학 및 예술이론 전공 교수로 재직하다가, 지난 2009년
부터 뉴욕으로 이주해 살고 있다.

　　미디어 이론가이자 철학자로서 현대 예술 및 매체에 관
한 흥미로운 이론적 성찰들[1]을 잇달아 내놓은 바 있는 그로

1　편의상 영어로 출간된 대표작들만을 일별하면 다음과 같다. *In the
Flow*(2016), *Introduction to Antiphilosophy*(2012), *History Becomes
Form: Moscow Conceptualism*(2010), *Going Public*(2010), *Art*

이스는 동시대 예술 현장에서 활발하게 작업하는 전문 큐레이터이기도 하다. 독일과 스페인 등지에서 공산주의 예술에 관한 대규모 전시(대표적으로, 2008~2009년 프랑크푸르트에서 열린 「총체적 계몽: 모스크바 개념주의 예술 1960~1990」)를 기획했던 그는 2011년 제54회 베니스 비엔날레에서 러시아관의 책임 큐레이터로 일했다. 그런가 하면 2012년에는 「역사 이후: 사진 작가로서의 알렉상드로 코제브」라는 제목의 전시 프로젝트로 광주 비엔날레에 참여하기도 했다.

그로이스의 이름을 현대 예술비평이나 매체이론에서 주로 만나온 이들에게는 '공산주의'를 본격적인 고찰의 대상으로 내건 이 책이 의외로 여겨질 수도 있다. 갑자기 웬 공산주의? 그것도 후기後記라니? 사실 정치와 미학의 의미심장한 교차 문제를 집요하게 탐색해온 소비에트 아방가르드 전문가로 그로이스를 알아온 사람에게조차 이 책은 놀라움을 안긴다. 왜냐하면 이 책의 대상은 공산주의 예술이나

Power(2008), *The Total Enlightenment: Conceptual Art in Moscow 1960~1990*(2008), *Ilya Kabakov: The Man Who Flew into Space from His Apartment*(2006), *Dream Factory Communism*(2004).

미학이 아니라 공산주의 자체, 그것도 어느새 익숙해진 '이념으로서의 공산주의' 따위가 아니라 지난 세기 75년간 존속했던 현실사회주의 소련, 바로 그것이기 때문이다.

그렇다면 이 책은 소비에트를 직접 겪은 당사자가 그것의 실상에 관해 증언하는 역사 에세이인가? 그럴 리 없다. 자신의 첫 책에서 이미 보여줬듯이, 그로이스에게 소비에트는 실존적 무게로 다가오는 정치적 실재라기보다는 철학적 성격의 사고실험을 수행하기 위한 미학적 구성물에 더 가깝다. 이런 태도는 공산주의를 제목으로 내건 이 책에서도 유효하다. 단지 차이라면 데뷔작의 스탈린이 전대미문의 공산주의 세계라는 종합예술작품을 만들어내는 위대한 '예술가'로 등장했다면, 이 책에서는 독특한 언어이론을 전개하는 '철학 사상가'로 바뀌었다는 것뿐이다.

2.

특유의 신랄한 재기와 역설로 가득한 이 작고 얇은 책은 "Das kommunistische Postskriptum(영문판은 Communist Postscript)"이라는 제목을 달고 있다. 제목에서 즉각적으로 떠올리게 되는 것은 당연히 170년 전에 마르크스와 엥겔스가 발표한 『공산당 선언 Communist Manifesto』이다. "하나의 유령이 유럽을 떠돌고 있다. 공산주의라는 유령이"라는 유명한 구절로 시작되는 저 선언의 말에 깃든 '시작'의 의지는 후기後記라는 말에 담긴 '종결'의 뉘앙스와 대구를 이룬다. 하지만 만일 이 책이 마르크스에 의해 시작된 공산주의의 최종적 종결에 '덧붙이는 말'이라면, 그 후기의 의도는 분명 이중적이라 말해야 할 것이다. 왜냐하면 이 책은 "역사적으로 유일했으며 분명히 완결되어버린 현상인 소비에트 공산주의"를 "또다시 반복될 수 있는 가능성을 동시에 개시하는, 그런 완결"의 관점에서 다루고 있기 때문이다.

이 책이 다루는 중심 대상은 소비에트다. 우선 이 점을 분명히 해둘 필요가 있다. 이 책은 '이념으로서의 공산주의'나 혹은 그것의 결정적 국면으로서의 '러시아 혁명'에 관한 것이 아니다. 이 책의 주인공이 마르크스나 레닌이 아니라 스탈린인 것은 그 때문이다. 스탈린의 이름으로 기억되는 소비에트 공산주의. 저 가깝고도 먼 과거를 바라보는 독특한 관점과 태도가 이 책을 다른 많은 '공산주의 책'과 구별하는 변별 요소다. 가령, 스탈린을 공산주의의 필연적인 결과물로 보는가라는 질문에 그로이스는 이렇게 답한다.

아니요, 나는 아니라고 말하겠습니다. 이 문제에 단 하나의
답만 존재하는 것은 아니니까요. 스탈린은 하나의 답입니
다. 그건 있을 법한 답인가? 그렇습니다. 그럼 마음에 드는
답인가? 그렇지 않습니다. 하지만 절대 무시해도 될 만한
답은 아닙니다. 시장은 적절한 답을 제공해주지 못하죠. 스
탈린 역시 적절한 답을 주지 않습니다. 최소한 내가 선호
할 수 있는 답은 아닙니다. 하지만 나는 그 어떤 답일지라
도, 만일 이 문제와 그것의 모든 급진적인radical 함의를 무
시한다면, 결코 충분한 답이 될 수 없다고 믿습니다.[2]

그로이스에 따르면, 공산주의 이념을 살려내기 위해 스
탈린을 거부하는 일, 지금 여기서 새롭게 다시 시작하기 위
해 이전의 모든 시도들이 진정한 공산주의가 아니었다고 말
하는 것은, "비록 이해할 순 있겠지만 역사적, 정치적, 철학
적으로 문제가 있는 주장"이다. 소비에트를 통째로 걷어낸
채 공산주의 이념의 '사도 바울'이 될 수는 없다. 그것은 나

---

2 Ross Wolfe, "Remembrance of things past: An interview with Boris
Groys," *The Platypus Review*, Issue 54, March 2013, p. 4.

치즘과 스탈린주의를 동일시하는 이른바 "두 개의 전체주의
론"에 길을 터주게 될 뿐만 아니라 "전통이나 제도, 혹은 정
당과 같은 공산주의의 물질적 차원들 바깥에서 공산주의 이
념에 대한 무매개적인 이해——가령, (마오주의적) 사건, 욕
망, 정동 따위를 통한 직접적 접속——의 가능성을 제공하려
한다는 점에서" 신비주의적이고 종교적이다. 전통적으로 마
르크스주의는 무언가를 직접적으로 포착할 수 있는 가능성
에 대한 불신, 곧 매개와 관련된 사상에 다름 아니다.

　　문제는 그로이스가 고려하고 있는 스탈린(주의)의 저
"모든 급진적인 함의"가 지나치게 파격적이라는 데 있다. 주
장이나 해석이 발본적이라는 의미에서가 아니라 그것이 기
존의 관념이나 상식으로부터 너무 멀리 떨어져 있다는 점에
서 파격적이다. 예를 들어 '스탈린식 공산주의는 오직 언어
만을 수단으로 작동되는 철인들의 왕국이라는 플라톤의 꿈
을 실현시킨 것'이라거나, '소비에트 연방의 해체는 공산주
의의 자기폐지, 즉 공산당 지도부가 스스로의 자유의지에
따라 공산주의를 철폐한 결과'라는 주장에 고개를 끄덕일
수 있는 사람이 과연 얼마나 되겠는가.

　　자칫 헛소리bull shit로 들릴 만한 도발적인 명제를 제시
함으로써 행동과 사유의 "구멍마개stopgap"를 드러내려는 전

옮긴이의 글

략은, 알다시피 지젝의 장기다. 여기서 구멍마개란 "우리를 사유의 의무에서 면제시키거나 혹은 적극적으로 아예 생각이란 것을 하지 못하도록 틀어막아버리는" 모종의 장벽을 가리킨다. 이 구멍마개를 둘러싼 "사유금지조치Denkverbot"에 맞서 싸울 필요가 있는데, 이 싸움의 가장 좋은 방법은, 두말할 나위 없이, 바로 그 '금지된 것'을 실행하는 것이다. 사유가 금지되어 있다면 정확하게 바로 그 '금지된 사유'를 감행해야만 한다. 오늘날 가장 강력하게 금지된 사유의 영역은 무엇일까? 마르크스가 월스트리트에서 사랑받고, 레닌이 여기저기서 재장전reloaded되는 오늘날에도, 여전히 입에 올리는 것이 암묵적으로 금지된 기표가 존재한다면? 스탈린이라는 기표는 그렇게 자신의 역사적 좌표계를 초과하게 된다.

실제로 플라톤과 스탈린을 연결시키는 그로이스의 방식은 "사드와 함께 칸트를Kant avec Sade" 읽는 지젝의 스타일을 떠올리게 하는 면이 있다. 어찌 보면 실소를 자아낼 만큼 터무니없게 들리는 단언들을, 놀라울 정도로 생생한 '지금 여기'의 자본주의적 현실 감각의 바탕 '위에서' 구축해내는 기묘한 화술 또한 눈에 띄는 공통점이다. 하지만 적어도 소비에트에 관한 한 유고연방공화국 출신의 지젝이 따라잡을 수 없는 그로이스만의 고유한 영토가 존재한다는 점 또

165

한 부인할 수 없다. 그 고유성은 그로이스가 소비에트의 실제 경험자라는 사실에서 나오기보다는 대략 인생의 절반씩을 공산주의와 자본주의 체제에서 살아본 사람으로서 그 누구보다 과감하고 색다르게 자신의 과거를 재발명reinvent해낼 수 있는 적임자라는 사실에서 나온다. 만일 누군가 오늘날, 소비에트에 관해서 모두가 이미 알고 있(다고 생각하)는 것과는 전혀 다른 새로운 이야기를 해야만 한다면, 단언컨대, 그로이스 이상의 적임자는 없다.

3.

이 자리에서 책 내용을 요약하는 것은 별 의미가 없을 것이다. 합의된 상식에 어긋장을 놓는 도발적 명제를 제시한 이후 그것을 구체적인 사례들과 연결하며 자기만의 방식으로 재규정해나가는 그로이스의 능란한 화술은 그 자체로 음미될 필요가 있다. 섣부른 요약은 오히려 그 특별한 즐거움을 손상시킬 우려가 있다. 다만 그로이스가 내놓고 있는 일련의 핵심 주장을 둘러싼 역사적, 정치적, 혹은 학문적 맥락에 관해 배경 설명을 덧붙이는 일은 가능하지 않을까 한

다. 러시아/소비에트 전공자인 번역자가 기여할 수 있는 지
점도 거기라고 생각한다.

　우선, 책 전체를 관통하는 핵심 키워드인 '언어'의 문제
다. "공산주의 혁명은 돈의 매개로부터 언어의 매개로 사회
를 번역하는 것이다"라는 단언이 보여주듯이, 그로이스가
그려내는 소비에트는 결국 '언어의 왕국'에 다름 아니다. 언
어를 매개로 작동하는 것이 곧 정치라는 점에서(돈을 매개
로 작동하는 것은 경제다), 언어의 왕국이란 사실상 정치의
왕국이라는 뜻이기도 하다. 공산주의의 기획이란 돈을 매개
로 한 경제를 언어를 매개로 한 정치에 종속시키는 것이다.
　소비에트에서 언어가 지니는 절대적인 위상은 일반적
인 상식을 넘어선다. 언어를 통해 권력을 비판할 수 있기 때
문이기도 하지만 그보다는 오히려 권력의 정당성 자체가 언
어를 매개로 구축되어 있기 때문에 그러하다. "권력과 권력
을 향한 비판이 동일한 매개를 통해 작동하는 사회"라는 정
의는 언어를 매개로 정치적 결정들에 반대하고 저항할 수
있다는 의미뿐 아니라 애초에 그 결정들 자체가 언어를 매
개로 형성되었다는 것을 의미한다. 소비에트의 "국가 폭력
이 언어를 통해, 즉 따르거나 혹은 따르지 않을 수 있는 명

령과 지침 들을 통해 전달되었다"는 (보기에 따라서는 매우
논쟁적인) 언급 이후에 그로이스는 이렇게 덧붙인다. "그들
[공산주의 지도부]은 자신들이 언어 바깥에서는 사실상 아
무것도 가진 게 없다는 점, 그리고 만일 언어에 대한 통제권
을 잃게 된다면 모든 걸 잃게 되리라는 점을 잘 알고 있었
다."

　본문에서 "사회의 총체적인 언어화total linguistification"라
는 말로 요약되는 이런 상황은 과연 역사적 사실에 근거한
진단일까? 소비에트의 독특한 세미오시스semiosis에 주목한
사람이 그로이스 혼자가 아니라는 점에서, 분명 모종의 근
거를 지닌다고 볼 수 있다. 이를테면, 지젝은 "진정한 기호의
제국은 바로 스탈린의 소련이었다"[3]라는 말을 통해 소비에
트의 독특한 의미론적 포화 상태를 지적한 적이 있다. 그에
따르면, 소비에트의 세미오시스 내부에서는 '모든 것'이 의
미를 지니고 있기에, 공식적 표현들의 경우엔 제아무리 사
소한 변경일지라도 격렬한 해석 활동을 촉발하는 신호, 어
쩌면 혼란이나 패닉 사태까지도 초래할 수 있는 강력한 메

3　슬라보예 지젝, 『잃어버린 대의를 옹호하며』, 박정수 옮김, 그린비,
　　2009, p. 331.

타언어적 지시로 해석될 수 있었다. 거기서 말(외형)은 단지 무언가를 지칭하는 수단(그릇)이 아니라 그것이 가리키는 세계 자체를 지탱하는 틀로 기능하고 있기 때문에, 그것에 가해진 아주 작은 변형조차도 세계 자체를 향한 발언, 나아가 위협이 될 수 있다. 언어의 형식을 향한 편집증적인 집착은 그에 따른 논리적 결과다.

그런데 사실 지젝의 이런 논의는 소비에트 체제 속의 언어 문제에 훨씬 더 포괄적으로 천착한 다른 선행 연구에서 빌려온 것이다. 2006년 출간되어 학계에 큰 관심과 논쟁을 불러일으킨 책『모든 것은 영원했다, 사라지기 전까지는: 소비에트의 마지막 세대』는 해당 상황을 "형식의 헤게모니"라는 말로 규정한 바 있다.[4] 인류학을 전공한 저자 유르착에 따르면, "담론이 과표준화hypernormalization"된 상황, 즉 공식 담론이 지나치게 고착화되어 상투적 표현들이 사회 전체에 만연하게 된 상황은 대중들이 이 권위적 담론들을 "수행적"으로 반복하는 과정에서 오히려 그것들을 창조적으로 전유할 수 있도록 만드는 계기를 제공하게 된다. 언어적 삶의 끔

---

4   Alexei Yurchak, *Everything Was Forever, Until It Was No More: The Last Soviet Generation*, Princeton University Press, 2005, p. 36.

찍한 획일화의 이면에서, 오히려 그로 인해 가능해지는 역설적인 열림의 공간에 주목한 유르착의 관점은 그로이스의 그것과 상당히 다르다. 하지만 두 사람의 공통된 출발점이 소비에트에서 언어에 걸려 있는 특별한 하중, 그것의 예외적 위상이라는 점은 분명하다. 소비에트의 언어가 자본주의의 화폐에 해당한다는, 20세기 서구 철학에서 이런저런 형태로 선포되었을 뿐인 "언어로의 전회linguistic turn"가 온전히 구현된 곳은 다름 아닌 소비에트라는 그로이스의 단언은 거칠고 이분법적이다. 하지만 그것이 머릿속에서 만들어낸 상상의 산물만이 아니라는 것 역시 부인할 수 없는 사실이다. 소비에트를 새롭게 사유하고자 할 때 '언어'의 문제는 결코 간과될 수 없는 '로도스 섬' 중 하나다.

한편, 이 문제는 자연스럽게 배경 설명을 요하는 두번째 항목으로 연결된다. 2장에서 논의되는 스탈린 언어학의 문제가 그것이다. '언어학자 스탈린'이라는 말은 우리에게 몹시 낯설게 들리지만, 그로이스가 분석하고 있는 이 에피소드는 20세기 소비에트 언어학, 넓게는 인문학 전반의 역사에서 결정적인 전환점을 만든 중대한 사건이었다. 국가의 최고 지도자가 학문적 논의에 직접 개입한 이 이례적인 사건의 대략적인 개요는 다음과 같다.

혁명 이후 다채로운 실험과 탐구를 거듭해오던 소비에트 언어학은 다른 분야에서와 마찬가지로 1930년대에 들어 경직된 이데올로기의 공세 속에서 급격히 일원화된다. 이 과정에서 일종의 '관치 언어이론'이라고 할 수 있는 '마르주의Marrism'가 득세하게 되는데, 이는 언어가 상부구조의 일종이며 그 본질이 계급관계에 의해 결정된다는 니콜라이 마르의 언어관을 계승한 것이다. 그런데 끝날 것 같지 않던 이런 상황이 1950년 여름 그 누구도 예상치 못한 전환을 맞게 된다. 그루지야(현 조지아) 태생의 언어학자인 치코바바가 5월 9일자 『프라브다』지에 마르의 신언어학설을 비판하는 장문의 논설을 게재한 이후 이에 관한 논쟁이 신문지상에서 격주로 이어졌는데, 6월 20일 스탈린이 「언어학에서 마르크스주의에 관하여」라는 논설을 통해 전격적으로 직접 개입한 것이다. 스탈린은 가상의 독자들의 질문에 답변하는 형식의 글을 7월 4일과 8월 2일자 신문에 재차 게재함으로써 사실상 논쟁의 종지부를 찍었고, 결국 마르주의는 파산을 맞게 된다.[5]

---

5   치코바바의 회상에 따르면, 『프라브다』를 통한 논쟁은 사전에 스탈린

이 글에서 스탈린은 마르의 계급적 언어관을 전면 부정하면서, 언어는 "모든 구성원들 공통의 의사소통 수단"이라고 주장했다. 이는 스탈린이 산파 역할을 했고 사실상 키워 왔다고 할 수 있는 소비에트 언어학을 그 자신의 손으로 다시 깡그리 부숴버리는 것과 다름없는 상황으로, 이를 어떻게 해석할 것인지의 문제는 당대뿐 아니라 후대에도 많은 이들의 고민거리였다. 이를 스탈린의 통치가 계급주의적 국제주의를 벗어나 러시아 민족주의의 방향으로 전환되는 신호로 해석하거나, 혹은 조금 더 복잡하게는, 언어학을 포함한 소비에트 학문이 당파성을 대신해 (유전학, 생리학 등의) 소위 객관적 과학 법칙과 연동되기 시작하는 담론 체제의 변화 과정으로 해석하려는 시도가 있어왔다. 스탈린의 언어학 논설을 둘러싼 이런 해석의 역사를 모를 리 없는 그로이스는, 늘 그렇듯이, 텍스트의 의미를 과감하게 자기 식으로 전유한다.

그로이스가 보기에, 스탈린의 논설은 '사회의 총체적인

에 의해 주도면밀하게 준비된 것이었다. 이기웅, 「반성과 지향의 이론적 형식으로서 러시아 언어학의 흐름: 마르주의 시기부터 현재까지」, 『러시아연구』 제15권 제1호, pp. 193~239 참조.

언어화'라는 소비에트식 존재론에 부합하는 적절한 언어관에 해당한다. 스탈린은 기이하게도 언어를 "토대도 아니고 상부구조도 아니면서, 동시에 토대와 상부구조가 아닌 어떤 것도 아닌 것"으로 상정한다. 무슨 말일까? 핵심은 언어가 '그 어떤 것도 아니다'가 아니라 반대로 '그것들 모두일수 있다'는 데 놓여 있다. 즉 이런 모순적 규정의 배후에는 언어란 이 모든 것들이면서 동시에 그것들 모두를 포괄하고 넘어서는 자리에 놓여 있다는 확신이 깔려 있다. 언어에 "모든 인간 활동 및 삶의 전 영역에 직접적으로 접근할 수 있는" 특별한 능력이 장착될 때, 비로소 그것은 경제, 돈과 자본을 '전적으로' 대체할 수 있게 된다. 공산주의 사회에서 실현되는 것은 언어의 이런 특별한 능력이다.

한편, 스탈린이 언어를 규정할 때 보이는 모순적 태도는 역설의 논리, 그로이스가 말하는 변증법적 유물론의 논리와 다르지 않다. 서로 모순되는 명제들의 동시적인 타당성을 인정하는 논리, 즉 A와 ~A를 동시에 받아들이고 아무것도 배제하지 않는 역설의 논리는 모순의 항구적 유효성을 주장하는 총체성totality의 논리의 다른 이름이다. 소비에트라는 언어 왕국은 모순과 역설, 무엇보다 총체성의 논리가 지배하는 곳으로, 모순으로부터 자유로운 형식논리의 법칙이

173

지배하는 자본주의와 구별된다. 여기서 흔히 생각하는 도그마는 세계 전체를 향한 '열린' 총체성의 논리로 판명된다.

키에르케고르를 세심하게 읽은 흔적이 보이는 이런 정식화에서 눈길을 끄는 것은 그로이스가 말하는 역설과 총체성의 논리가 이른바 '보편주의'의 문제와 자연스럽게 연결되는 대목이다. 그는 소비에트에서는 지도자들뿐만이 아니라 모든 "소비에트 시민은 철학적 사상가로 인정받았을 때에만 그의 기본적인 욕구를 만족시킬 수 있었다"고 말하는데, 가령 "오늘 칠레 공산당에 무슨 일이 있었는지, 이 순간 미국 제국주의에 의해 어떤 새롭고 파괴적인 모험이 수행되고 있는지를 알지 못하는 사람은 새 집으로 이사하지 못하거나, 봉급이 인상되지 않거나, 해외여행을 가지 못하는 등의 문제를 감수해야만 했다." 이는 결국 "진정한 소비에트 시민이란 충분히 철학적으로 사고할 수 있는 사람, 즉 자신의 부분적인 필요를 전체의 맥락 속에 가져다놓을 줄 아는 사람"이라는 뜻이다. 이런 대목들은 그로이스가 인터뷰에서 직접 밝힌 생각들과 겹쳐 읽을 때 한층 그 의도가 명확하게 다가온다.

공산주의는 그 자체로 보편적인 독트린입니다. 그것은 인류 전체를 향한 말입니다. 또한 소비에트의 실험은 잠재적으로 어떤 나라에서나 실현될 수 있는 사회의 모델을 창조하려는 시도입니다. 만일 내가 무언가에 향수 비슷한 걸 갖고 있다면, 그건 공산주의적 국제주의와 보편주의일 겁니다. 불행하게도 오늘날 보편주의는 아주 희귀한 상품이 되었습니다. 가령 정치적 이슬람주의건 서구식 민주주의건 아니면 러시아식 민족 이념이건 간에 사실상 모든 동시대의 이데올로기적 프로그램은 애초부터 상당히 좁은 지리적, 인종적, 문화적 경계 내에 스스로를 가두곤 합니다. 시간이 지나면서 소비에트 공산주의마저도 러시아 애국자들의 상상 속에서 러시아 민족 이념의 최상의 단계 비슷한 뭔가로 변질되어버렸지요. 요컨대, 오늘날 나로 하여금 공산주의에 관해 쓰도록 만든 제일 큰 요인은 논쟁의 충동입니다. 사람들이 감히 보편주의에 입각해 생각하고 행동했던 때가 있었다는 걸 상기시키고 싶은 겁니다.[6]

---

6 Борис Гройс, Постскриптум к "коммунистическому постскриптуму," Художественный журнал, 65/66 июнь 2007. http://xz.gif.ru/numbers/65-66/groys/

　　파시즘의 담론은 특정한 인종이나 국가가 다른 인종이
나 국가들을 박해할 수 있는 권리를 공공연히 표방하고 있
다는 점에서 "말 그대로 충분히 전체[주의]적이지 못한" 반
면에 공산주의의 담론은 "홀로 전체whole를 자신의 대상으
로 채택한다"는 범상치 않은 언급은 이런 맥락에서 이해해
야 한다. 그런데 지나가버린 보편주의의 시대를 상기시키려
는 그로이스의 의욕은 그것의 시작(시장의 철폐)과 발전 과
정(사회의 언어화)을 거쳐 결국 그 '끝'을 건드리지 않을 수
없다. 일반적 상식에서 벗어나 있다는 의미에서 본다면, 아
마도 책 전체를 통틀어 가장 파격적일 그의 마지막 주장이
저 '끝'의 문제를 둘러싸고 펼쳐진다.

　　그로이스는 소비에트의 해체에 관한 익숙한 설명 모델
두 가지 모두를 기각한다. 그가 보기에, 냉전에서 패배한 결
과라거나 공산주의 치하 인민들의 자유를 향한 투쟁의 결
과라는 식의 설명은 공히 진실에 부합하지 않는다. 소비에
트의 해체는 "공산당 지도부의 주도하에 평화적인 방식으
로 이루어진 공산주의의 자기폐지"로 봐야 한다는 것이 그
의 주장이다. 배경 설명을 통해 맥락을 잡기엔 너무나 엉뚱
하고 돌발적으로 느껴지는 이 주장을 어떻게 받아들여야 할

까? 분명한 것은, 소비에트의 몰락에 관한 역사적 증거에 기대 그로이스를 반박해봐야 별로 얻을 게 없다는 점이다. 옐친 집권기에 러시아가 제일 먼저 소비에트 연방을 탈퇴했다거나, 연방 해체를 위한 조건과 법적 절차를 스탈린 스스로 미리 마련해두었다(1936년 스탈린 헌법 제17조)는 식의 '사실들'을 지적하긴 하지만, 엄밀히 말해 그로이스의 관심은 역사적 진위 여부를 향해 있지 않다.

　　그로 하여금 소비에트의 종결이라는 사건을 이토록 새롭게 재발명하도록 이끄는 것은 어떻게 해도 종결될 것 같지 않은, 어쩌면 종결의 능력 자체를 상실해버린 것 같은 자본주의의 현실이다. 열림, 창조성, 차이, 타자, 혼종 따위로 대변되는 시장 친화적 가치를 향한 좌파의 급진적 비판은 잘 알려져 있지만, 그것들에 반대하며 내놓은 가장 중요한 대안이 중단과 종결이라는 점은 주목할 만하다. 그로이스는 "이전과 똑같이 계속하기를 그만두는 것, 지나간 길을 따르기를 그만두는 것, 악무한의 쳇바퀴 굴리기를 그만두는 것"이야말로 혁명적 주체의 고유한 자질이라고 본다.

　　바로 이것이 "메타노이아metanoia"라는 개념을 통해 그가 요청하고 있는 순수하게 수행적인 종결의 결단이다. 자본주의를 비판하는 오늘날의 부르주아 좌파들에게 찾아볼 수 없는 결정적인 능력도 바로 이것이다. 돈이 바닥날 때 모든 게 끝이 나는, 다시 말해 기획의 종결이 전적으로 자본에 달려 있는 악무한의 고리를 끊어내기 위해서는 '자연적'이거나 '경제적'인 것의 박자보다 더 빠르게 속력을 내서 "시간을 앞질러 갈 수" 있어야만 한다. 이렇게 볼 때 메타노이아는 일종의 "시간적 금욕주의"에 다름 아니다. 이때 금욕주의의 본질은 외적인 강제를 수동적으로 받아들이는 대신에 내적 제한을 필요 이상으로 훨씬 더 강화하는 데 있다. 그리고 메타노이아를 금욕주의로 연결시키는 바로 이 대목에서, 우리는 동시대 (서구) 좌파의 비판 담론에 대한 그로이스의 태도를 읽을 수 있다. 그로이스는 앞선 인터뷰에서 "동시대 좌파의 철학적 전통이 1960년대의 '쾌락주의적hedonistic' 좌파에 그 기원을 두고 있다"고 지적하면서, 이렇게 덧붙였다.

진정한 혁명적 움직임은 언제나 새로운 혁명적 금욕주의와 과거보다 더 엄격하기 마련인 새로운 질서의 확립과 더불어 시작되는 것입니다. [……] 마침 최근에 저는 바흐친을 다시 읽게 되었는데, 그가 민중의 카니발적 욕망을 구현한 르네상스의 생명력에 매료되었었다는 걸 확인할 수 있었습니다. 하지만 모든 다른 소비사회가 그랬듯이, 르네

178

상스 사회는 역사적으로 완벽하게 붕괴했습니다. 시대의 혁명적인 전환은 루터-칼뱅주의, 그리고 뒤이은 루소주의적 금욕주의의 결과였습니다. [……] 모든 종류의 혁명적 상황은 오직 충분히 넓은 인구의 층이 새로운 금욕주의를 위해 즉각적인 소비를 거절할 준비가 되어 있을 때 비로소 나타날 수 있습니다. 이런 순간이 도래하기까지 우리가 얼마나 오랫동안 기다려야 하는지는, 유감스럽지만 내가 답할 수 있는 질문이 아닙니다.[7]

인구의 상당수가 새로운 금욕주의를 위해 즉각적인 소비를 거절할 준비가 되어 있는 상황. 누군가에겐 이런 가정이 '공산주의가 자발적으로 스스로를 폐지했다'는 주장만큼이나 얼토당토않은 말로 들릴 수도 있다. 혹은 비록 그것이 금욕주의를 앞세웠지만 실상은 '파국'과 '재앙'을 향한 은밀한 기대가 아닌지 의심해볼 수도 있으리라. 하지만 그로이스가 그려놓은 '낯선' 소비에트의 모습을 참을성 있게 끝까지 따라온 독자라면, 적어도 한 가지 사실만은 확인할 수 있을 것이다. 그가 말하는 철학의 왕국, 역설로 통치되는 체제가 '젖과 꿀이 흐르는' 목가의 풍경과는 거리가 멀다는 사실이다. "만약 공산주의를 언어라는 매체로 사회를 번역하는 것으로 이해한다면, 그것이 약속하는 것은 목가라기보다는 오히려 자기모순 속에 놓인 삶, 최대치의 내적 분열과 긴장의 상황이다." 대립을 잠재우는 게 아니라 반대로 그것을 첨예화할 것을 약속하는 체제. "형식논리적으로 올바른 언어의 압제로부터 인간을 해방"시켜 "자기모순을 숨기지 않은 채로 그 모순 안에서 살아갈 수 있"도록 만드는 체제가 그가 말하는 언어의 왕국이다. '평등의 매개물'로서의 언어는 그 때 비로소 작동할 수 있다. 돈과 언어 사이의 선택을 강요하는 그의 이분법은 그토록 잔인하다.

4.

휴대용 미니폭탄 같은 이 작은 책자를 러시아 혁명 100주년에 맞춰 출간해야겠다는 생각으로 출판사에 번역을 제안한 것이 벌써 2년 전이다. 늘 그렇듯이 예상치 못한 몇 가지 어려움이 따랐지만, 그래도 해를 넘기지 않고 세상에 내보낼 수 있어 기쁘게 생각한다. 러시아어판을 저본으로 삼되 영어판을 꼼꼼히 대조해가며 번역했는데, 영어판 번역은 의미의 명료함이나 정확도에서 러시아어판에 미치지 못하는 경우가 많았다. 번역이야말로 가장 완벽한 읽기의 방식이라고 늘 생각해왔는데, 이번에 생각을 달리하게 됐다. 진정 완벽한 읽기는 교정의 과정에서 이루어진다. 뛰어난 교정자와의 공동 작업은 내가 무엇을 읽지 못했는지뿐만 아니라 내가 무엇을 읽었는지도 새롭게 알게 한다. 지난 책에 이어 또다시 책임을 나눠준 문학과지성사 김현주 편집장에게 감사드린다. 번역자가 건넨 엉성한 가제본 번역 원고를 읽고, 그로이스만큼이나 생생하고 매력적인 한 편의 글을 써준 서동진 선생에게도 깊은 감사와 우정의 인사를 보낸다. 선생의 글 덕분에 그로이스의 책이 도래해야 할 지금 여기의 좌표가 한결 선명해질 수 있었다. 모쪼록 '다른 세계'의 가능성을 (여전히) 꿈꾸고자 하는 사람들에게 이 책이 건네는 말이 가닿을 수 있기를 바란다.

2017년 가을
김수환

적대, 모순, 역설:
공산주의 유토피아를 위한 또 다른 가설

서동진

그로이스라는 광인狂人

그로이스를 세상에 알린 것은 뭐니 해도 『아방가르드와
현대성』이란 저작이었다. 그는 기절초풍할 책을 썼다. 그 책
에서 그는 구소련의 혁명적 아방가르드에서 스탈린 체제의
사회주의 리얼리즘으로의 이행을 둘러싼 세간의 일치된 의
견을 거부하였다. 둘 사이에 단절, 타락, 억압이 있었다는 것
은 이미 상식이다. 그 상식을 부인한다는 것은 또 누구에게
도 이롭지 않은 것이었다. 러시아 아방가르드가 전체주의적
사회주의에 의해 조잡하고 진부한 사회주의 리얼리즘으로
타락하고야 말았다는 생각은 서구 자유주의자들에게 매우
좋은 소식이었을 것이다. 그들은 사회주의가 어떻게 예술을
망치는지 여봐란 듯이 증명할 수 있었다. 이는 또한 서구 좌

파들에게도 좋은 소식이었을 것이다. 타락 이전의 진정한 사회주의를 상징하는 아방가르드와 타락 이후의 사회주의적 리얼리즘을 대비하면서 그들은 사회주의에 대한 꿈을 보전할 수 있었을 것이다. 그리고 진짜 사회주의는 아직 도래하지 않았다고 속삭일 수 있었을 것이다. 그러나 이런 표준적 또는 지배적인 가설을 그로이스는 여봐란 듯이 고발하였다.

혁명적 아방가르드는 쿨하고 사회주의 리얼리즘은 구리다고? 천만의 말씀, 사회주의 리얼리즘은 혁명적인 아방가르드의 진정한 상속자이며 그것의 자기발전의 결과이자 완성일 뿐이다. "스탈린의 시학은 구성주의적 예술의 상속자"로서 "스탈린 시대는 예술은 삶의 단순한 서술에서 벗어나 총체적인 미적, 정치적 계획의 테두리 내에서 삶을 재형성하는 것으로 넘어가야 한다는 아방가르드의 주된 요청을 실행했던 것"이기 때문이다.[1] 이 미치광이 같은 가설은, 오늘날에도 수긍하기 어렵고 또 께름칙하게 들린다. 그러나 그것은 전무후무한 해석이었고 또 어딘지 설득력이 있었다. 그리고 그는 이 저작을 통해 동시대 예술의 가장 영향력 있

---

[1]   보리스 그로이스, 『아방가르드와 현대성』, 최문규 옮김, 문예마당, 1997.

는 비평가 가운데 한 명으로 등장했다.

그리고 마침내 『코뮤니스트 후기』가 도착했다. 미술비평가로서의 그로이스를 기억하는 이들이 잊고 있던 불길한 책 『아방가르드와 현대성』의 저자가 다시 모습을 드러낸 것이다. 그리고 마치 그 책의 벼르던 후속작인 것처럼 그는 거기에서 도발적으로 제기했던 기상천외한 주장을 다시 동원한다. 그러나 이제 그것은 단순히 예술적 실천에 한정되지 않는다. 그는 붕괴 이전의 소련 공산주의가 몰락하게 된 연원을 새로운 방식으로 밝히면서 또한 공산주의와 자본주의의 종차를 식별할 수 있는 '존재론적' 가설을 도입한다. 이때 그가 참조하는 결정적인 준거는 화폐와 언어이다. 그리고 그는 철학과 언어가 지배했던 스탈린주의적 사회야말로, 누구도 수긍하는 데 주저할, 공산주의적 세계였다고 단언한다. 그때가, 그 세계가 그리 나쁜 것만은 아니었다는, 그 역시 흔치 않은, 누추한 양보와 타협하지 않으면서, 그로이스는 마치 보이지 않게 자리 잡고 있던 금지의 선을 뛰어넘는다. 나치즘과 스탈린주의를 같은 것으로 간주하는, 유태인수용소와 굴라크gulag를 같은 것의 변종들로 보는 데 주저함이 없는 자유주의적 통념을 통해 바라볼 때, 이는 결코 지지할 수 없는 파멸적이고 광란적인 주장일 것이다. 스탈린주의와 나

치즘을 동일시하는 것을 격렬히 비난하면서 스탈린주의에
기재된 유토피아적인 핵심을 구제하려는 바디우조차 스탈
린주의의 실패와 착오에 관해 절대 관대하지는 않다. 그리
고 아마 바디우의 그런 접근이 오늘날 구소련을 비롯한 '현
실사회주의'에 대해 비판적인 공산주의적 접근의 최대치였
을 것이다. 그런데 상상할 수도 없고 추론해서도 안 될 일을
감행한다면 어떨까. 그로이스는 그 어처구니없는 일을 떠맡
는다. 그리고 그것은 더없이 대담하고 나아가 신기하기까지
하다. 그로이스라고 이러한 자신의 사변이 얼마나 추문일지
모르지 않았을 것이다. 그 역시 그런 반응에 대해 할 말이
없지 않다. 특히 이 책의 3장은 "공산주의적 유토피아가 실
현되기는커녕 오히려 배반당했다는" "서구 좌파의 압도적인
다수"의 견해를 상대하며 자신의 주장을 방어하는 데 할애
되어 있다.

하이데거에 반한 하이데거?
──언어적 존재론으로서의 변증법적 유물론

그로이스는 다음과 같이 단언한다. "자본주의 경제라는

186

조건하에 살아가는 한 인간은 근본적으로 벙어리 상태로 남아 있다. 왜냐하면 운명이 그에게 말을 걸지 않기 때문이다. 자기에게 말을 거는 운명의 목소리를 듣지 못한다면, 그 역시 운명에 응답할 수 없다. 경제적 과정은 무인칭이라 말을 통해 표현되지 않는다. 그것과는 논쟁에 돌입할 수 없다. 그것을 설득하는 일, 말로써 내 편으로 끌어들이는 일은 불가능하다. 단지 할 수 있는 것이라곤 벌어지고 있는 사태에 내 행동을 맞추는 것뿐이다. [……] 언어 그 자체의 힘은, 그렇게 소멸된다." 그렇다면 운명을 변화시킬 수 있는 것, 즉 자본주의로부터의 단절로서의 공산주의란 무엇인가. 답은 이미 나와 있다. 그로이스에게 "공산주의 혁명은 돈의 매개로부터 언어의 매개로 사회를 번역하는 것이다. 그것은 사회적 실천의 차원에서 행해진 **언어로의 전회**다." 그렇지만 "오직 공산주의만이 총체적 비판을 위한 공간을 열어줄 수 있는, 인간 운명의 총체적 언어화를 수행할 수 있다"는 그로이스의 선언은, 어쩔 수 없이 그 속에 울려 퍼지는 불길한 어느 철학자의 음성을 감지하지 않을 수 없도록 한다. 그 철학자는 이 책에서 공산주의의 비전을 철학화한 기원으로서의 플라톤(그로이스는 대담하게 "플라톤은 서양 철학의 전통 최초로 언어를 총체적 권력과 사회 변형을 위한 매개(체)로 격상시킨 인물이다"라고 쓴다)도, 또는 그가 마침내 비뚤어진 현실 정치가의 초상에서 구출해낸 언어철학자로서의 스탈린(역시 그로이스는 "결국 최종적으로 스탈린식의 공산주의는 오직 언어만을 수단으로 작동되는 철인들의 왕국이라는 플라톤의 꿈을 실현시킨 것으로 판명된다"고 말한다)도 아닐 것이다. 그는 하이데거이다.

　하이데거의 기초존재론이나 탈구축의 철학에 귀 기울여본 이들은 그의 언어론에 관해서도 익숙할 것이다. 이를테면 하이데거는『예술작품의 근원』이라는 저작에서 이렇게 말한다. "언어의 지배는 사물을 사물로서 존재케 하는 작용으로서의 섬광을 말한다. 언어는 집약Versammulung으로서 빛나기 시작하여, 그것은 현존하고 있는 것을 그 현존 가운데로 가져온다. 이러한 언어의 지배, 즉 말함을 의미하는 가장 오래된 단어가 로고스이다. 또한 존재하고 있는 것을 **그것이 존재하고 있다는 사실**es ist 가운데 드러내줌을 의미하는 가장 오래된 단어가 말 자체die Sage이다. 이렇게 본다면, 로고스라는 하나의 단어는 **말함**Sagen을 의미하는 단어임과 동시에 **존재**Sein를 의미하는 단어, 즉 현존하고 있는 것의 현존을 의미하는 단어이다. 말과 존재, 언어와 사물은 베일에 싸인 채 거의 고찰되지 않고 근본적으로 끝까지는 사색될 수 없는 방식 가운데 서로가 서로에게 속하고 있다."[2] 의사소통의 수단으로서의 언어, 현실 자체가 아니라 현실의 재현으로서의 언어 등, 하이데거는 그간 언어를 다루어온 철학적 사유의 공리로부터 벗어난다. 그리고 이는 소피스트의 언어, 역설의 언어를 중재하는 자본의 언어, 즉 상품이 된 언어를 고발하는 그로이스의 생각과 아주 닮아 있다. 나아가 언어가 사물의 바깥에 머물지 않고 사상事象이 되어야 한다는 것, 존재를 드러내주는 것으로서의 말이 되어야 한다는 하이데거의 구호는, 그로이스의 다음과 같은 재치 있는 서술과 공명한다고 말할 수밖에 없다 그로이스가 이렇게 말할 때, 그것은 영락없이 하이데거를 떠올리게 만든다. "소비에트 시민의 경우 오늘, 그리고 내일을 버텨내기 위해서 매일같이 언어 전체의 온도를 감지할 수 있어야만 했다는 것이다. 이는 소비에트 내에서 정치적, 이데올로기적, 문화적인 관계들이 어떻게 전개되어가고 있는지에 대한 감수성뿐만이 아니라 이를 넘어서서 전 지구를 아우르는 감수성을 포함하는 것이다."

2　마르틴 하이데거, 「언어」, 『예술작품의 근원』, 오병남·민형원 옮김, 예전사, 1996, pp. 130~31. 강조는 인용자.

그러나 하이데거 혹은 이 글에서 역시 거칠게 비판하고 있는 것처럼 역설의 논리 즉 변증법적 유물론의 참된 논리에 참여하지 못한 채 함량 미달의 "역설의 언어"를 추구하였던 포스트구조주의 철학자들(바타유, 푸코, 라캉, 들뢰즈 혹은 데리다 등)을 그로이스로서는 환대할 수 없다. 그로이스는 하이데거적이지만 하이데거로서는 상상할 수 없을 논변을 전개한다. 하이데거의 기초존재론과 그 이후의 형이상학 비판이나 이성의 비일관성을 드러내고 이성의 근거에 구성적으로 포함된 오점(폭력, 오염, 지방성 등)을 드러냄으로써 "이성의 타자와 조우"하고자 했던 "저주받은 철학자들"(물론 그들 가운데 다수는 공인된 혹은 은폐된 하이데거의 후계자들이다)이나, 그로이스에게는 역설의 철학자로서의 자질에 크게 미달한다. 그로이스가 보건대, 시詩로부터 혹은 소수의 회화繪畵나 아니면 유유자적한 산책과 같은 몸짓으로부터 존재와 언어의 만남을 상상하고 이성의 바깥으로 나가려고 했던 하이데거나 그보다는 보다 사회적 세계 속으로 들어와 이성의 타자를 발견하고 축복하려 했던 포스트구조주의 철학자들이나, 모두 아류에 불과할 것이다. 이들처럼 "이성의 모호한 타자를 추구하는 담론"을 통해서는 "어떤 식으로도 자본주의와 대립적 관계를 맺을 수" 없는 탓이다. 그들은 고

작해야 다른 소피스트들의 언어, 역설과 모순의 논리를 모른 채, 형식논리적 정합성을 좇는 다른 언어들에 상처를 낼 뿐이다.

역설을 철학화하는 체제, 공산주의

그런데 이러한 언어적 사색이 공산주의와 어떤 상관이 있단 말인가. 그로이스는 화폐에 의한 가짜 총체성을 대신한 언어를 통해 총체화하는 사회관계로서 공산주의에 대한 정의를 제출한 바 있다. 다시 그의 말을 빌리자면 "변증법적-유물론적 공산주의의 담론은 홀로 전체whole를 자신의 대상으로 채택"한다. 그럼으로써 공산주의는 언어의 시장 속에서 (자유주의적 좌파처럼) 어설프게 타협하지 않는다. "소비에트 권력은 스스로를 공공연하게 변증법적이고 역설적인 이성의 법칙으로 정의했다. 즉 스스로를 마르크스가 묘사했던 자본과 상품의 역설적 성격에 대한 응답으로 간주했던 것이다." 그러나 이는 아슬아슬한 주장일 수밖에 없다. 이는 변증법적 유물론을 수선하고자 했던 명민한 철학자들을 괴롭혔던 질문이면서 변증법의 ABC를 알고 있는 이라면

누구나 던지기 마련인 흔한 의혹을 상대해야 하기 때문이
다. 말인즉슨, 그렇다면 공산주의에는 모순이나 대립이 소멸
되는가, 그것은 갈등이 종결된 역사 이후의 세계란 말인가,
그것은 오직 영원한 동일성의 반복만이 펼쳐지는 세계일 뿐
이라는 말인가.

　그러나 이러한 의문에 대한 답을 위한 사변적 논증의
공정은 이미 그로이스에게 마련되어 있다. 그가 군이 보다
익숙한 대립이나 적대, 모순 같은 개념을 뒤로하고 역설이
라는 개념에 매달렸던 이유가 바로 그에 대한 답을 마련하
기 위해 정밀하게 고안된 사전 포석이었을지도 모른다. 그
리고 그는 이 대목에서 대단한 일격을 준비한다. 그리고 이
것은 아방가르드의 완성으로서의 스탈린주의를 역설했던
앞선 저작의 후속작으로서『코뮤니스트 후기』의 진면목을
보여준다. 스탈린이라는 결코 사면될 수 없는 것처럼 여겨
지는 사악한 음모적 정치가를 진정한 공산주의 철학자로서
구원하기 때문이다. 그가 모순이나 적대가 아닌 '역설'이란
개념을 동원하고 그 개념을 자본주의와 공산주의의 차이를
식별하는 차이로 삼았을 때, 이는 역설의 철학자로서의 스
탈린의 언어철학을 위한 예비적 조처일지도 모를 일이다.

　이쯤 되면 그로이스의 이 책이 얼마나 철학적, 정치적

추문일 수 있을지 대충 밝혀졌을 것이다. 그리고 이는 오늘
날 공산주의에 대한 사고의 불가능성을 진단하는 데 썩 중
요한 지침을 마련해준다. 그것은 전체를 바꾸는 것을 용인
하지 않는, 지금 우리가 좋다고 생각하는 것들을 보전하면
서 무한한 점근선에 이르는 타협적인 대화를 통해 다른 세
계로 나아가려는, 포스트공산주의적 좌파의 합의를 제거하
려 한다. 개종이나 전향이란 낱말에 가까울 메타노이아란
개념을 통해 유토피아적 기획과 투쟁이 무엇인지를 밝히는
4장은 바로 그에 관해 말한다. "개인의 사적이고 주관적인
관점으로부터 보편적인 관점으로, 즉 메타적인 위치로 이행
하는 것을 묘사"하는 것이라 소개하는 메타노이아는, 오늘
날 거의 금기어에 가까운 보편적, 메타적이란 낱말을 동원
한다. 차이, 정체성, 다양성, 혼종성, 윤리적 상대주의 등이
사유의 율법이 되어버린 세계에서, 그로이스는 유토피아란
그런 사유들을 거부하는 것에 달려 있다고 주장하고 싶어
한다. 이제 우리는 답해야 한다. 그가 미친 것일까 아니면 우
리가 길들여졌던 사고가 미친 것일까.

　　그러나 그로이스의 무시무시한 사고실험을 지지하는가
의 여부와 관계없이 우리는 기꺼이 한 가지는 인정할 수 있
을 것이다. 그는 오늘날 만연한 사고금지Denkverbot를 위반하

는 지식인이라는 것이다. 그는 공산주의를 향한 노스탤지어 혹은 기대 어디에나 스며 있는 스탈린주의 없는 공산주의를 조롱한다. 절대적 악에 가까운 것으로 치부된 스탈린주의를 구원하려는 그의 악마적인 시도를 손쉽게 품평해서는 곤란하다. 거의 불가능한 것처럼 보이는 사고를 감행함으로써 그는 유토피아로서의 공산주의가 무엇인지 가늠할 수 있는 수고를 마다 않는다. 러시아 혁명 100주년이 되는 해인 올해 마침 그의 책과 마주할 수 있게 된 것은 더욱 좋은 일이다.